Führung und Management stehen als zentrale Bestandteile der Selbststeuerung von Universitäten vor vielfältigen Herausforderungen, zu deren Bewältigung Leitungskräfte wie auch Universitäten Orte der Selbstreflexion benötigen. Denn gelebte Autonomie entsteht nicht von selbst - die Entwicklung von Fähigkeiten und Formaten für das eigenverantwortliche Handeln der Universität muss planvoll und systematisch angelegt sein, um positive Wirkungen zu entfalten. Wie das geht, ist eine Frage der Theorie ebenso wie der Praxis, die einander inspirieren sollten. Anhand von Beispielen diskutiert das Buch Ansätze aus der Systemtheorie und Handlungstheorie, die anregende Beiträge zur Reflexion der Praxis im Spannungsverhältnis von Organisation und Institution liefern.

Lothar Zechlin ist Professor für Öffentliches Recht i. R. am Institut für Politikwissenschaft der Universität Duisburg-Essen, deren Fusion er als Gründungsrektor managte. Zuvor leitete er die Hochschule für Wirtschaft und Politik Hamburg sowie die Karl-Franzens-Universität Graz.

DIE SELBSTREFLEXIVE UNIVERSITÄT

PASSAGEN

WISSENSCHAFT - TRANSFORMATION - POLITIK

Wissenschaft - Transformation - Politik

Herausgegeben von
Eva Barlösius, Günther R. Burkert,
Wilhelm Krull, Antonio Loprieno,
Peter Parycek

Lothar Zechlin

Die selbstreflexive Universität

Führung und Management einer autonomen Organisation

Passagen Verlag

Deutsche Erstausgabe

Mit freundlicher Unterstützung der Universität
für Weiterbildung Krems.

Die Deutsche Nationalbibliothek verzeichnet diese Publikation in der Deutschen Nationalbibliografie; detaillierte bibliografische Daten sind im Internet über http://dnb.dnb.de abrufbar.

ISBN 978-3-7092-0486-3

http://www.passagen.at
Grafisches Konzept: Ecke Bonk
Satz: Passagen Verlag Ges. m. b. H., Wien
Druck: Ferdinand Berger und Söhne GmbH, 3580 Horn

Inhalt

Vorwort 11

1. Der Grundgedanke 15

2. Wissenschaft und Praxis in der Führung von Universitäten 25

3. Der Sinn von Führung einer Organisation 43

4. Besonderheiten der Universität als Organisation 59

5. Führung als Beeinflussung der Organisation 79

6. Orte für Selbstreflexivität in der Organisation 99

Resümee 117

Annotierte Literatur 121

Literatur 125

Vorwort

Dieses Buch beruht auf Erfahrungen, die ich im Verlauf von 16 Jahren in Führungspositionen von Universitäten gemacht habe, wobei ich das Glück hatte, danach noch einige Jahre in der Wissenschaft arbeiten und meine Erfahrungen reflektieren zu können. Sein Ziel besteht deshalb darin, auch heutige Führungskräfte dazu anzuregen, sich bei der Reflexion ihrer praktischen Erfahrungen auf die Beschäftigung mit Organisationswissenschaft einzulassen. Sie lägen damit ganz auf der Linie des 1933 aus Deutschland vertriebenen Organisationspsychologen Kurt Lewin und seiner Feststellung „There is nothing more practical than a good theory“ (1952: 169). Nicht in Managementtrainings oder dem Nachahmen von Managementmoden, sondern in der Verbindung von Theorie und Praxis liegt jenes Feld, in dem Führungskräfte ihre Rolle bewusst entwickeln können. In diesem Sinne ist das Buch ein Aufruf zum „Selber Denken“.

Der Argumentationsgang besteht aus drei Schritten in sechs Kapiteln:

In den beiden ersten Kapiteln werden die Grundgedanken der selbstreflexiven Universität und der selbstreflexiven Hochschulleitung erläutert. Die These lautet, dass die Autonomie zwar der Hochschule (nicht der Hochschulleitung!) „gehört“, aber durch Führung und Management in der Hochschule ermöglicht werden muss. Daraus erklärt sich der Gedanke einer doppelten Selbstreflexivität von Hochschule und Hochschulleitung.

Die beiden mittleren Kapitel befassen sich mit der Universität als Organisation. Entsprechend dem Gedanken von Führung und Organisation als „zwei Seiten derselben Medaille“ (Wimmer 2012 b: 47 f.) müssen Hochschulleitungen ein Verständnis von der anderen Seite besitzen, um Einfluss auf sie nehmen zu können. Zentral hierfür ist der Gedanke von der Organisation als sozialem System, das mit seinen Umwelten in einem ständigen Austausch steht, dabei aber nicht in ihnen aufgeht, sondern seine Grenzen aufrechterhält und ständig neu justiert. Hierzu muss es seine Identität, das „Selbst“ der Universität, herausbilden.

In den beiden letzten Kapiteln werden Modelle und Anwendungsbeispiele für die praktische Umsetzung diskutiert, die weitgehend auf eigenen Erfahrungen beruhen. Am Schluss steht ein kurzes Resümee, das auch schon zu Beginn gelesen werden kann, wenn die Entscheidung ansteht, ob die weitere Lektüre lohnend erscheint oder nicht.

Im Zentrum steht die Frage, wie Führungskräfte in der Organisation zu einer Kultur der Selbstreflexivität beitragen können. Der theoretische Bezugsrahmen, in dem die eigene Rolle entwickelt werden kann, besteht deshalb nicht in der Personalführung (Haller 2021; Werth, Steidle 2021; Becker 2022), sondern in den Organisationswissenschaften. Dabei stehen systemtheoretische Ansätze im Vordergrund, die allerdings mit handlungstheoretischen Perspektiven verbunden werden. Ein solches Vorgehen ist nur zu rechtfertigen, wenn es nicht zu einer Verwässerung inkompatibler Theorien, sondern einer plausiblen Nutzung theoretischer Anschlussstellen führt (vergleiche zu der Gefahr des „theoretischen Eklektizismus" Kleimann 2016: 55 f.). Da diese leichter in den Grundgedanken als in den Feinheiten zu finden sind, beziehen sich die Erläuterungen auch auf ältere Werke aus der System- und Organisationstheorie. Ob die Verbindung gelingt, hängt nicht zuletzt von der Fantasie und Kreativität, also dem „Selber Denken" der Führungskräfte ab. Es geht dabei aber immer um die Praxis und nicht um die Weiterentwicklung der Wissenschaft. Das Buch beansprucht nicht, einen eigenständigen Beitrag zur Wissenschaft zu leisten, sondern die „Selbstverortung" von Führungskräften zu unterstützen, die Praktiker bleiben, aber Freude an der Beschäftigung mit Theorie haben.

Unter „Organisation" wird der klassische Typus der Universität verstanden, die ihre Identität aus der Verbindung von Forschung und Lehre bezieht, ein breites Fächerspektrum umfasst und erkenntnisgetrieben arbeitet. Während in Österreich und in der Schweiz Universitäten und Fachhochschulen noch klar geschieden sind, bewegen sie sich in Deutschland aufeinander zu, sodass auch die sprachliche Unterscheidung verschwimmt.

Selbst der DHV heißt „Deutscher Hochschulverband", obwohl er nur Universitätsangehörige umfasst, wohingegen in der „European University Association" auch Fachhochschulen Mitglieder sind. Sprachlich ist deshalb mal von Universitäten die Rede, so zum Beispiel im Titel, mal aber auch von Hochschulen, weil die Problemlage für eine zunehmende Anzahl unter ihnen ähnlicher wird.

Am Schluss dieses Vorwortes steht ein großer Dank an eine Reihe von Freundinnen und Freunden, die das Manuskript in unterschiedlichen Phasen seiner Entstehung kritisch kommentiert und dadurch zu seiner Verbesserung beigetragen haben. Ich danke Wilfried Müller, Ada Pellert, Luzia Truniger sowie Maximiliane und Uwe Wilkesmann dafür, dass sie diese Mühe auf sich genommen haben. Ihr wart mir alle eine große Hilfe! Ebenso gilt mein Dank Eva Barlösius und Günther R. Burkert, die den Anstoß zum Schreiben dieses Buches gegeben haben, sowie Wolfgang Pauser für das umsichtige und freundlich nachfragende Lektorat.

1. Der Grundgedanke

> Die Universität bewegt sich „inmitten der Gesellschaft, die über sie streitet. Die Lösungen wird sie jedoch nur selbst finden können."
>
> *Dirk Baecker*

Die These

Durch die Politik der Autonomie soll das eigenverantwortliche Handeln *der* Hochschule gestärkt werden, diese Fähigkeit entsteht aber nicht von alleine, sondern muss durch Führung und Management *in der* Hochschule geschaffen werden. Die autonome Hochschule ist handlungs- und entscheidungsfähiges Subjekt und „gemanagtes" Objekt zugleich. Diese spannungsreiche Beziehung auszubalancieren ist Aufgabe der Hochschulleitung, in der sich die Subjekt-Objekt-Beziehung mit einer anderen Akzentuierung wiederholt: Sie ist beim Ausfüllen ihrer Leitungsrolle Subjekt, hat es aber mit der Hochschule nicht mit einem passiven, knetbaren Objekt, sondern einem ebenfalls eigenwilligen Subjekt zu tun. Ihr kommt die Schlüsselfunktion in dieser Konstellation zu, sie stellt deshalb die Zielgruppe dieses Buches dar.

Die Aufgabe wird lösbar, wenn Hochschulleitungen ein Selbstverständnis entwickeln, in dem Führung nicht als Ausdruck der Fremdbestimmung der Hochschule, sondern als Teil ihrer Selbstorganisation begriffen wird. Führung und Organisation stellen dann „zwei Seiten ein und derselben Medaille“ dar, Führung wird „eine organisationale Fähigkeit, spezialisiert auf Fragen der Selbstentwicklung der Organisation“ (Wimmer 2012 b: 47 f.). Das ist ein faszinierender Gedanke, der einem ökologischen Verständnis ähnelt, in dem die Auseinandersetzung des Menschen mit der Natur nicht *gegen* sie, sondern *mit* ihr geführt wird. In dieser Sichtweise wird durch Führungshandeln „nicht auf das System eingewirkt, sondern mit dem System gearbeitet“ (Probst, Gomez 1993: 5). Hochschulleitungen müssen sich in der Gestaltung ihrer Beziehung zu der Organisation auf *deren* Logiken einlassen, um ihr Handeln beeinflussen zu können.

Um ihre Rolle reflektieren und entwickeln zu können, benötigen Hochschulleitungen Wissen über die andere Seite der Medaille, die Hochschule als Organisation. Auch die Hochschulen selbst benötigen in den Mechanismen ihrer Entscheidungsbildung Orte der Selbstbeobachtung, um ihre Autonomie wahrnehmen zu können. Der Grundgedanke des Buches lässt sich deshalb mit den Worten „Entwicklung durch Selbstreflexivität“ bezeichnen: Indem Hochschulleitungen ihre Führungsrolle im Spiegel von Organisationstheorie reflektieren, können sie dazu beitragen, dass sich auch die Hochschulen zu selbstreflexiven Akteuren entwickeln. So ließe sich die Autonomie der Hochschulen mit der Autonomie ihrer Führungskräfte verbinden.

Autonomie und Führung

Als vor rund einem Vierteljahrhundert die Politik der Hochschulautonomie eingeleitet wurde, war das nicht nur ein politisch propagiertes Zukunftsprojekt, sondern auch ein von wissenschaftlicher Reflexion begleitetes. In Deutschland beruhte das 1994 von der Volkswagenstiftung gestartete Programm „Leistungsfähigkeit durch Eigenverantwortung" auf der Studie *Autonomie mit Augenmaß – Vorschläge für eine Stärkung der Eigenverantwortung der Universitäten* des Wirtschaftswissenschaftlers und früheren Präsidenten der Universität Gießen Karl Alewell (Alewell 1993). In Österreich stellte der im Jahr 2000 erschienene Band *Universitäten im Wettbewerb – Zur Neustrukturierung österreichischer Universitäten* (Titscher, Winckler et al. 2000) mit insgesamt 18 Studien die intellektuelle Grundlage des 2002 verabschiedeten Universitätsgesetzes dar.

Die damals eingeleitete Politik der „Autonomisierung" (ein paradoxer Begriff: „Ich autonomisiere Dich") verlagerte den Schwerpunkt der staatlichen Hochschulsteuerung von detaillierten Haushaltstiteln, ministeriellen Erlassen und Berufungen auf eine Art Globalsteuerung mit Zielvereinbarungen und Wettbewerb. Dies brachte eine Eigenverantwortung der Universität für das Ausfüllen der neuen Freiräume mit sich, worin auch das eigentlich Ziel der Reform lag. Die Hoffnung war, dass diese nicht nur negativ „Entfesselung" (Müller-Böling 2000), sondern auch positiv Entwicklung von Identität und Motivation bedeuten und zu einer stärkeren korporativen Handlungs- und Leistungsfähigkeit führen würde. Die Veränderung in der externen Governance von Hochschulen zog somit auch Veränderungen in der internen Governance nach sich, konkret: Die neuen Hochschulgesetze erhöhten die Steuerungsfähigkeit der Hochschulleitungen und schwächten dadurch die professionelle Selbstorganisation mit ihrer starken Stellung der Professoren.

Diese internen Veränderungen stießen von Anbeginn auf harte Kritik. In den schlimmsten Befürchtungen wurde die alte Steuerung der Ministerialverwaltung durch die neue Steuerung der Hochschulleitung lediglich ersetzt, sodass „der Feind nunmehr im eigenen Haus“ stand (Pellert 1999). Ein langjähriger Hochschulmanager resümiert die Entwicklung für Deutschland:

> Aus externer Sicht und aus der Sicht der Hochschulleitungen und der sie repräsentierenden HRK wird als wesentlicher Erfolg die Stärkung der Strategiefähigkeit der Hochschulen angesehen, die als Voraussetzung maßgeblich zum Gelingen der Exzellenzinitiative beigetragen hat. [...] Dem steht die Sicht der durch die Verschiebung der Entscheidungskompetenzen um ihre Mitwirkungsmöglichkeiten besorgten Mitglieder der Universität gegenüber. Aus dieser Sicht besteht der Autonomiegewinn der Hochschulen nur in einem Autonomiegewinn der Hochschulleitungen. Aus dieser Perspektive stellt sich die Organisationsreform als eine Gefährdung ihrer wissenschaftlichen Tätigkeit dar, die mit einem bis zur Indolenz reichenden Motivationsverlust verbunden sein kann (Sandberger 2022: 21).

In den Kontroversen ging es weitgehend um die Entscheidungsstrukturen, das Führungshandeln als eigenständiger Faktor neben den Strukturen kam nicht in den Blick. Sehr deutlich wird dieser strukturelle Bias in der Rechtsprechung des Bundesverfassungsgerichts zu den Anforderungen, die von dem Grundrecht der Wissenschaftsfreiheit an die Hochschulorganisation ausgehen (Gärditz 2009; Zechlin 2021). Dreh- und Angelpunkt für die Organisationsgestaltung ist die *personale* Autonomie der Wissenschaftler und Wissenschaftlerinnen (in Deutschland, anders als in Österreich, mit einer besonderen Gewichtung der Professoren und Professorinnen), die gegen Hierarchisierung und Zentralisierung in der Hochschulorganisation geschützt werden soll. Es handelt sich um eine *defensive* Perspektive, in der *Die Hochschule als Gefahr für die Wissenschaftsfreiheit* erscheint (Sieweke 2011). Dieses Buch stellt demgegenüber eine *aktive* Perspektive in den Vordergrund. Im Zentrum steht die *korporative* Autonomie der Hochschule, die gegenüber den zunehmenden Anforderungen aus Wirtschaft, Zivilgesellschaft und Politik antwortfähig sein muss. Der dazu erforderliche *Prozess des Organisierens* (Weick 1995) erfolgt in den Hochschulen

nicht mehr nur über Lehrstühle, sondern auch über Fachgruppen, zentrale wissenschaftliche Einheiten, Forschergruppen, Sonderforschungsbereiche, Graduiertenkollegs u. v. m. Vielfach sind hochschulinterne und hochschulübergreifende Forschungsallianzen wie Exzellenzcluster, Graduiertenschulen und Schools etc. entstanden. Wissenschaftlerinnen und Wissenschaftler sind – fächerspezifisch in unterschiedlicher Ausprägung – zunehmend auf Wissenschaft ermöglichende Infrastrukturen wissenschaftlicher, technischer und administrativer Art angewiesen (Forum Hochschulräte 2017).

Korporative Antwortfähigkeit erfordert ein überindividuelles Zusammenwirken der Hochschulmitglieder, das nicht spontan entsteht, sondern bewusst entwickelt werden muss. Darin liegt die Aufgabe von Führung.

Eine Paradoxie des Führungsverständnisses von den zwei Seiten ein und derselben Medaille liegt allerdings „genau darin, dass das Wirksamwerden von Führung eine asymmetrische Beziehungskonstellation braucht", die „im Alltag aber ein Stück weit unsichtbar" gemacht werden muss. Weil sie auf „diese akzeptierte Einfluss- und Machtdifferenz" angewiesen ist, zählt es „zur besonders herausfordernden Eigenart von Führung, dass sie durch die Art ihrer Ausübung für diese Asymmetrie organisationsintern die erforderliche Akzeptanz und Glaubwürdigkeit schafft" (Wimmer 2012 b: 52, 54 f.). Hierzu trägt Reflexivität, sowohl der Führungskräfte selbst wie auch der Organisation, bei.

Reflexive Führungskräfte

Damit Führungskräfte in der Lage sind, ihre Handlungsspielräume zu bestimmen und auszufüllen, müssen sie ein Selbstverständnis für die Gestaltung der eigenen Rolle entwickeln. Das ist nicht einfach. Mitglieder von Hochschulleitungen (und erst recht Dekaninnen und Dekane) kommen so gut wie ausschließlich aus der Wissenschaft. Das ist einerseits gut so, denn es sichert die Vertrautheit mit den Denkweisen des akademischen Felds, es ist andererseits aber mit einem „Identitätswandel" (Krücken et al. 2010: 236; empirische Daten zu der Selbstwahrnehmung als „Berufswechsel" bei Kleimann 2016: 413–416) in zeitlicher, sachlicher und sozialer Hinsicht verbunden: Wissenschaftliches Denken zielt auf Erkenntnis, die in der Scientific Community in kontroversen Diskussionen entwickelt und in einem endlosen Prozess ständig weiterentwickelt wird (Zeitdimension). Es handelt sich um „etwas noch nicht ganz Gefundenes und nie ganz Aufzufindendes" (Humboldt zitiert nach Lundgren 1992: 58). Management hingegen sollte zwar ebenfalls auf Denken beruhen, muss aber innerhalb begrenzter Zeit zu Entscheidungen kommen. Entscheidungsfähigkeit wiederum bedingt, dass, anders als in der Wissenschaft, die Komplexität nicht weiter erhöht, sondern im Gegenteil reduziert wird (Sachdimension). Zu viel Denken kann dafür sogar hinderlich sein. Schließlich ändert sich, ähnlich wie bei der Veränderung „vom Kollegen zum Vorgesetzen" in der Wirtschaft, die eigene Rolle in der Universität (Sozialdimension). Diese Unterschiede sollen nicht verabsolutiert werden, denn auch „moderne Forschung muss großenteils organisiert werden. Die Koordination anspruchsvoller Forschungsvorhaben kann selten dem Gutdünken einzelner Wissenschaftler oder der Face-to-Face-Interaktion überlassen bleiben" (Besio 2012: 256). Gleichwohl bleiben sie beträchtlich. Drastisch kommen sie in dem Rückblick eines kritischen Managementforschers auf seine Zeit als Head of Department in einer englischen Universität zum Ausdruck, der mit einem Zitat aus Kafkas Erzählung „Die Verwandlung" beginnt (Parker 2004; das Zitat wird hier in der deutschsprachigen Originalfassung abgedruckt):

> Als Gregor Samsa eines Morgens aus unruhigen Träumen erwachte, fand er sich in seinem Bett zu einem ungeheueren Ungeziefer verwandelt. Er lag auf seinem panzerartig harten Rücken und sah, wenn er den Kopf ein wenig hob, seinen gewölbten, braunen, von bogenförmigen Versteifungen geteilten Bauch, auf dessen Höhe sich die Bettdecke, zum gänzlichen Niedergleiten bereit, kaum noch erhalten konnte. Seine vielen, im Vergleich zu seinem sonstigen Umfang kläglich dünnen Beine flimmerten ihm hilflos vor den Augen.

Wie das „Kunststück" (Pellert 1999) gelingen könnte, das wissenschaftliche Denken mit dem Handeln und Entscheiden des Organisierens zu verbinden, wird in dem Modell des *Reflective Practitioner* erörtert (dazu Näheres im zweiten Kapitel). In ihm bilden Praktikerinnen und Praktiker berufliche Handlungskompetenzen aus, indem sie ihre praktischen Erfahrungen austauschen und im Spiegel theoretischen Wissens reflektieren. Die Reflexion dient der Selbstaufklärung und Entwicklung selbstverantworteter Urteilskraft. Sie ermöglicht damit „eine Entwicklung von Führung, die nicht als Rezeptesammlung, sondern als Reflexionsform für Hochschulen arbeitet" (Maasen 2017: VII).

Bei aller Konzentration auf die Führungskräfte als Zielgruppe: Im Kern geht es um die Autonomie der Hochschule, nicht um die der Hochschulleitung. Auto-nomie als Selbst-Gesetzgebung soll die Handlungsfähigkeit der „Universität als Akteur" (Meier 2009) stärken, die Handlungsfähigkeit ihrer Führungskräfte ist - zugespitzt formuliert - nur ein Mittel zur Erreichung dieses Ziels. Führung fungiert so verstanden als „Ermöglichung" für die Akteureigenschaft der Universität.

Wenn die Autonomie der Universität „gehört", dann muss auch das Bewusstsein von dieser Eigentümerschaft in ihr entwickelt werden. Diese „Ownership" impliziert, dass Veränderungen in der Hochschule selbst getragen werden und nicht als von außen aufgezwungen erlebt werden (dazu kann auch die Wahrnehmung der Hochschulleitung als „Feind im eigenen Haus" gehören). Entscheidend dafür sind weniger die Inhalte der jeweiligen Veränderungsprojekte, als vielmehr die Prozesse ihrer Entwicklung. Darauf beruhen schon die auf ein „Partizipatives Management von Universitäten" (Nickel 2007) zielenden Ansätze. Selbstreflexivität der Organisation geht aber darüber hinaus. Sie erfordert eine Auseinandersetzung mit Identitätsfragen, speziell mit den Auswirkungen des Autonomiekonzeptes und der dahinterstehenden Reformvorstellungen auf das „Selbst" der Organisation. Wie einer der Kritiker der Reformen schreibt, müsste die Universität „Räume schaffen, in denen die Technologien des

NPM politisiert und die Effekte und Wirkungen der neoliberalen Gouvernementalität problematisiert werden. Nicht, weil sie von vorneherein ‚falsch‘ sind – sondern weil sie gefährlich sind“ und weil in diesen Räumen „Signale, die auf eine Gefahr hinweisen, wahrgenommen und reflektiert werden können“ (Weiskopf 2005: 183; Näheres dazu im vierten Kapitel). Die Universität könnte so „von einer Organisation des Lernens zu einer lernenden Organisation“ werden (Pellert 1999: 122).

2. Wissenschaft und Praxis in der Führung von Universitäten

> Nur über einen organisationalen Lernprozess wird sich die jeweilige Verfasstheit und Verfassung einer autonomen Universität entwickeln lassen.
>
> *Ekkehard Kappler*

Die Verbindung von Theorie und Praxis, von Wissenschaft und Wissenschaftsmanagement befindet sich nicht mehr im Zustand der Stunde Null. Es gibt mittlerweile eine recht gut entwickelte Hochschulforschung, unter anderem wurden 2006 in Deutschland die Gesellschaft für Hochschulforschung und 2015 in Österreich das Netzwerk Hochschulforschung gegründet (einen aktuellen Überblick zur deutschen Situation bieten Ramirez et al. 2021), und es gibt zahlreiche Forschungsprojekte, die sich mit Führung und Management in Hochschulen befasst haben. Die Bedingungen für die Verbindung sind somit gegeben. Werden sie auch genutzt?

Zum Verhältnis von Hochschulforschung und Hochschulmanagement

„Über die Führung von Universitäten wird viel gesprochen, aber vergleichsweise wenig geforscht". Mit diesen Worten leitet Nadja Bieletzki (2017: 176) die Kurzdarstellung ihrer mit dem Ulrich-Teichler-Preis prämierten Dissertation *Die Macht der Kollegialität. Eine qualitative Analyse der Führung von Universitätspräsidentinnen und -präsidenten in Deutschland* ein. Diese Aussage trifft gewiss für den Zeitraum zu, in dem die 2015 angenommene Dissertation entstanden ist. Seit geraumer Zeit jedoch ändert sich die Situation. Aus dem DFG-Projekt „Universitätspräsidenten als ‚institutional entrepreneurs'" sind neben der Dissertation von Bieletzki auch andere Arbeiten entstanden, u. a. die umfangreiche Habilitationsschrift von Bernd Kleimann *Universitätsorganisation und präsidiale Leitung. Führungspraktiken in einer multiplen Hybridorganisation* (Kleimann 2016). Zudem gibt es eine Reihe weiterer Veröffentlichungen, die sich mit dem Thema "Führung in Hochschulen" beschäftigen (Symanski 2013; Püttmann 2013; Scholkmann 2010; Kloke, Krücken 2012 und andere). Schon 2008 konnte einer der Mitbegründer der deutschen Hochschulforschung, Ulrich Teichler, in einem Überblick zu dem internationalen Stand der Disziplin deshalb feststellen „Die Situation, dass Akteure in Hochschulpolitik und Hochschulpraxis in vielen Bereichen zu weitgehenden Behauptungen über den Hochschulalltag neigen, ohne sich über den Stand systematischen Wissens kundig zu machen, ist noch nicht überwunden, aber das Interesse an systematischer Information zu Hochschulfragen scheint dennoch deutlich zuzunehmen" (Teichler 2008: 83).

Heutzutage ließe sich die Aussage von Bieletzki deshalb auch umgekehrt formulieren: „Über die Führung von Universitäten ist einiges erforscht worden, aber vergleichsweise wenig in die Praxis überführt". Das könnte sich allerdings in den kommenden Jahren ändern. In Deutschland fördert das Bundesministerium für Bildung und Forschung im Rahmen der „mit empirischen Forschungsmethoden arbeitende[n] und theoretisch inspirierte[n] Wissenschafts- und Hochschulforschung" seit kurzem einen Schwerpunkt, in dem Untersuchungen zu dem Transfer zwischen Wissenschaftsforschung und Wissenschaftsmanagement gefördert werden (BMBF 2021).

Verbindung durch Reflexion

Wie könnte eine Verwissenschaftlichung des Hochschulmanagements gelingen? Zu dieser Frage ist auf einem Kolloquium an der Hochschule Osnabrück eine „Idealvorstellung" formuliert worden, die eine (allzu) direkte Koppelung nahelegt: „Die Hochschulforschung erbringt praktisch verwertbare Erkenntnisse, die dem Hochschulmanagement bei der Gestaltung seiner Instrumente helfen und es dadurch besser machen. Die Managementpraxis liefert in umgekehrter Richtung Impulse für die Themen und Ausrichtung der Forschung. So könnten Hochschulforschung und -management synergetisch zusammenwirken" (Hochschule Osnabrück 2017). Ergebnisse der Hochschulforschung dürften aber nur selten direkt verwertbar sein. Sie sind Teil der Wissenschaft, nicht der Praxis. Aussagen über das Ob und Wie ihrer Übertragbarkeit auf Praxis „ergeben sich" nicht einfach aus der Forschung, sondern stellen eine eigenständige Leistung dar.

Eine „enge Beziehung zwischen Hochschulforschung und ihrem Gegenstandsbereich könnte eher ein Problem“ darstellen, hält der Hochschulforscher Michael Hölscher deshalb fest. Um für das Hochschulmanagement „wirklich von Nutzen“ zu sein, müsse Forschung nämlich „zunächst einmal rigoros sein, das heißt vor allem methodisch sauber (denkbar wären dann auch Meta-Studien), aber auch, wo sinnvoll, theoretisch aufgehängt“. Er plädiert deshalb für Weiterbildungsangebote, „die Wissenschaftsmanager auf den aktuellen Stand der Forschung bringen statt reine Trainings zu bieten“ (Hölscher 2017: 23), sodass die Übertragung in das Führungshandeln erst noch zu leisten wäre. Trainings sind zwar durchaus sinnvoll, sie überbrücken aber nicht die Kluft zwischen Theorie und Praxis, sondern verbleiben im Bereich der Praxis.

Die Kluft besteht in den unterschiedlichen Logiken von Theorie und Praxis. Es ist dieselbe Kluft, die uns schon bei der kafkaesken Verwandlung des Wissenschaftlers in den Manager begegnet ist. Wissenschaft ist auf neue Erkenntnisse ausgerichtet und stellt deshalb das aktuelle Wissen in Frage. Ihre Autonomie beginnt erst dort, wo sie „nicht nur die Fragen und Probleme, also die Krisen untersucht und behandelt, die eine scheiternde Praxis an sie heranträgt, sondern darüber hinaus gerade auch das in Frage stellt, also in den Modus der Krise rückt, wovon die Praxis problemlos überzeugt ist und was sie wie selbstverständlich für geltendes Erfahrungswissen hält“ (Oevermann 2005: 27 f.). Praxis hingegen ist auf aktuelles Handeln und Entscheiden ausgerichtet und braucht dafür einigermaßen sichere Grundlagen. Hochschulforschung kann also keine eindeutigen Rezepte, dafür aber „bessere Beiträge zur Reflexion möglicher Problemlösungen" hervorbringen und – damit einhergehend – eine „Vertrauensbasis [sichern], dass nicht unter dem Deckmantel von Forschung hochschulpolitische Vorurteile verkauft werden" (Teichler, Webler 2020: 189).

„Besser" sind die Beiträge zur Reflexion möglicher Problemlösungen, weil sie den sonst im Bereich der Praxis verbleibenden reinen Erfahrungsaustausch um Wissenschaft erweitern. Die „Übersetzung" in die Praxis bleibt aber eine eigenständige Aufgabe der Praxis. Ihre Problemstellungen werden in der Wissenschaft gespiegelt, d.h. in dem dadurch veränderten Zustand auf die Praxis zurückgeworfen und dort (also nicht in der Wissenschaft) in Entscheidungen übersetzt. In ähnlicher Weise hat Habermas „drei Modelle für das Verhältnis von Fachwissen und Politik" (Habermas 1968: 127) unterschieden, nämlich eine „dezisionistische" Politik, eine „technokratische" Wissenschaft und eine „pragmatistische" Vermittlung von Wissenschaft und Politik im Medium öffentlicher Meinung. Auch in Hinblick auf die Organisationsberatung sprechen Kühl, Moldaschl 2010 von deren sozialwissenschaftlicher „Fundierung" (dazu Stratmann 2014). So könnte man sich das auch hier vorstellen: Hochschulleitungen reflektieren ihre Vorgehensweisen im Lichte von Theorie, sorgen für die Thematisierung ihrer Überlegungen in hochschulöffentlichen Diskursen und tragen damit auch zu der Selbstreflexivität der Hochschulen bei.

Skepsis gegenüber einer theoretischen Orientierung klingen allerdings bei dem langjährigen Sekretär des Berliner Wissenschaftskollegs Joachim Nettelbeck an, der in seinem Buch *Zum reflexiven Verwalten von Wissenschaft* (2021) bewusst von dem „Verwalten" spricht: „Viele meiner Kollegen lieben es, sich als Manager zu bezeichnen. [...] So viel ich über den Begriff der Verwaltung (und des Verwalters) nachgedacht habe, ich habe keinen besseren gefunden" (ebenda: 14). Es handele sich um „ein Handwerk, eine Kunstfertigkeit im Sinne von Ars oder Techne" (ebenda: 7), aus der sich eine „erforderliche Haltung in der Praxis herausbildet und in der Erfahrung reift. Bei einem Handwerk kommt es auf die Haltung des Meisters an." Was zählt sei der Erfahrungsaustausch der Verwalter, ihre persönliche Vertrautheit und Kollegialität, ihr „Esprit de Corps", zu dem sie „keine wissenschaftliche Belehrung" brauchten (ebenda: 218 f.). Ein reiner Erfahrungsaustausch ist jedoch – vor allem, wenn die „Meister" mit der Überzeugung von ihrer eigenen Grandiosität ins Spiel kommen – stets mit der Gefahr wechselseitiger Bestätigung und des Nachahmens jeweils grassierender Managementmoden verbunden. So richtig es ist, dass in der Handlungssituation ein professionsspezifisches Handlungswissen zur Anwendung kommt, so wichtig ist es, dass dieser *Body-of-Knowledge* außerhalb der Handlungssituation im Licht von Theorie erneuert und modifiziert wird. Erstrebenswert wäre es, „sowohl empirisch fundiertes Wissen über konkrete Fälle zu erarbeiten als auch dabei theoriegeleitet vorzugehen und dann keines von beiden gegeneinander auszuspielen, sondern Empirie und Theorie gleichsam ins Gespräch miteinander zu bringen; im wiederholten Wechselspiel empirische Befunde theoretisch aufzuschlüsseln und die theoretischen Konzepte und Modelle empirisch irritiert weiter zu entwickeln“ (Schimank 2007 a: 242).

In einem solchen theoretisch wie praktisch anregenden Diskurs „scheint es möglich, zu einem geteilten, neuen Verständnis über die (eigene) Hochschule, ihre Arbeits- und Funktionsweisen sowie Entwicklungspotentiale zu kommen“, allerdings fehle dafür „oftmals der Ort“ (Höcker et al. 2008: 16). Ein ähnlicher Befund also wie die oben zitierte Aufforderung, „Räume“ zu schaffen. Wie könnten geeignete Formate für diese Form von (Selbst-)Reflexivität auf den beiden Seiten der Medaille aussehen?

Hochschulleitungen als Reflective Practitioners

Der Ort für Selbstreflexion der Hochschulleitung findet sich in dem Modell des „Reflective Practitioners“. Es ist 1983 von Donald A. Schön in seinem gleichnamigen Buch (Schön 1983) vorgestellt worden und geht auf frühere Ansätze zurück, die unter dem Begriff der „Aktionsforschung“ entstanden waren. Sie verfolgten ein emanzipatorisches Ziel, nämlich berufliche Praktiker nicht nur nach der klassischen Methodenlehre empirischer Forschung als Untersuchungs*objekte* zu „beforschen“, sondern sie in die theoretisch-konzeptionellen Grundlagen des Forschungsprojektes einzubeziehen und durch den dabei entstehenden Wissens- und Erkenntnisgewinn zu handlungsfähigen *Subjekten* zu machen (Fuchs 1970/71). Kurt Lewin, „der als von den Nazis vertriebener Emigrant in den USA nachweisen wollte, dass demokratische Regime autoritären überlegen sind“ (Neuberger 2002: 496), erklärte 1946: „Die für die soziale Praxis erforderliche Forschung [...] ist eine Art Tat-Forschung (‚*action research*‘), eine vergleichende Erforschung der Bedingungen und Wirkungen verschiedener Formen des sozialen Handelns und eine zu sozialem Handeln führende Forschung. Eine Forschung, die nichts anderes als Bücher hervorbringt, genügt nicht“ (Lewin 1953: 280). Er fasste diese Überlegung in der Aufforderung zusammen, „dass wir Handeln, Forschung und Erziehung als ein Dreieck betrachten sollten, das um jeder seiner Ecken willen zusammenzuhalten ist“ (ebenda: 291). In diesem, auf Integration von Wissenschaft und Praxis zielenden, Sinn ist sein häufig zitierter Satz „There is nothing more practical than a good theory“ (Lewin 1952: 169) zu verstehen. Lewin stieß in den USA rasch auf eine starke Resonanz und wurde mit seinen Forschungen zur Gruppendynamik und zu dem Ansatz, Betroffene zu Beteiligten zu machen, zu einem der Begründer der heutigen Organisationsentwicklung.

Während nun die Aktionsforschung von der empirischen Forschungsmethodik her den Blick auf die Praxis lenkt, nimmt das Modell des *Reflective Practitioners* umgekehrt seinen Ausgangspunkt in dem berufspraktischen Handeln, über dessen Reflexion Theoriebestandteile in den Blick geraten, die Praktikerinnen und Praktikern als Orientierung für die Weiterentwicklung ihres Handelns dienen können. Auf diese Weise kann allmählich ein professionelles Handlungswissen entstehen, das auch wissenschaftlich fundiert ist. Schön unterscheidet drei Handlungssituationen, die in jeweils unterschiedlicher Weise mit Wissen und Denken verbunden sind, aber gemeinsam zum Kompetenzaufbau beitragen (Schön 1987: 22–40; dazu Altrichter et al. 2018: 329–337; Pachner 2013: 9). In einfach strukturierten „normalen" Situationen erfolgt das berufspraktische Handeln auf Grund einer erfahrungsgesättigten Intuition. Sie beruht auf implizitem Wissen in der Form von Routinen und Mustern, die insofern über ein begrenztes Maß an Flexibilität verfügen, als sie in erwartbaren Situationen anpassungsfähig sind (*Knowing-in-Action*). In komplexeren oder neuen und überraschenden Situationen reicht das aber nicht mehr aus. Es wird ein von den bisherigen Mustern abweichendes Handeln erforderlich, von dem noch kein in der Intuition verankertes Wissen besteht. Die Praktiker müssen deshalb schon in der Handlung selbst Überlegungen anstellen, die zwar explizit geäußert und ausgetauscht werden können, aber im Kreis der Beteiligten verbleiben und über die Situation hinaus nicht weiter vertieft werden (*Reflection-in-Action*). Erst nach dieser Phase können diese Überlegungen aus dem unmittelbaren Handlungskontext gelöst und in eine sprachliche Ausdrucksform gebracht werden, in der sie unter Einbeziehung auch wissenschaftlicher Erkenntnisse einer kritischen Prüfung unterzogen werden (*Reflection-on-Action*). Auf diese Weise werden sie zu einem neuen Ordnungsrahmen professionellen Wissens geordnet. Das situative *Knowing-in-Action* „verliert gewissermaßen sein dynamisches Moment" (ebenda: 9) und wird zu einem *Knowledge-in-Action* (hervorgehoben im Original bei Schön 1987: 26) verfestigt, das erst durch erneute Reflexionsprozesse und Kreisläufe wieder „verflüssigt" wird.

Dieses Modell wird in weiten Teilen der Erwachsenenbildung (Pachner 2013) und der universitären Lehramtsausbildung genutzt und weiterentwickelt (vgl. Universität Bremen 2021; Universität Gießen 2021; Berndt et al. 2017). Soll es für Mitglieder von Hochschulleitungen fruchtbar gemacht werden, bedarf es entsprechender Formate wie Supervision, Coaching, Peer-Learning und durchaus auch des Selbststudiums.

Die Universität als selbstreflexive Organisation

Die Selbstreflexivität der Hochschule wirft schwierigere Fragen auf als die der Hochschulleitung. Ist es überhaupt möglich, dass nicht nur Personen, sondern auch Organisationen denken, handeln und dieses Handeln selbstreflexiv gestalten, also lernen?

Der Zusammenhang zwischen Denken und Handeln erschließt sich, wenn man das Handeln von dem bloßen Verhalten unterscheidet. Max Weber zufolge soll „‚Handeln' [...] ein menschliches Verhalten (einerlei ob äußeres oder innerliches Tun, Unterlassen oder Dulden) heißen, wenn und insofern als der oder die Handelnden mit ihm einen subjektiven *Sinn* verbinden" (Weber 1972/1922: 1). In diesem Sinn liegt die gedankliche Grundlage des Handelns, ohne ihn handelt es sich um ein bloß „reaktives [...] Sichverhalten" (ebenda: 2). Da die Sinngebung ein innerer Vorgang ist, der sich nur indirekt erschließen lässt, kann die Unterscheidung schwierig sein, sodass das gedankenlose Befolgen von Routinen und „insbesondere das rein traditionale Handeln [...] auf der Grenze beider" stehen (ebenda: 2).

Handeln ist mithin mit Bewusstsein oder Denken verbunden, und darin liegt auch die Verbindung zu dem Lernen. Anpassung kann zum Beispiel rein rituell (dann als Verhalten), aber auch bewusst erfolgen, und sei es auch nur aus der Überlegung heraus, dass ein Abweichen von den Konformitätserwartungen zu mühselig wird. Dann ließe sich von einer rudimentären Form des Lernens sprechen. Ein aufklärerisches Lernen liegt dagegen vor, wenn das Für und Wider der Anpassung zu der Identität der Handelnden in Beziehung gesetzt wird. Auch dann kann die Entscheidung im Ergebnis für die Anpassung ausfallen, sie erfolgt aber auf einer höheren Stufe des Denkens als bei der Anpassung aus Bequemlichkeit. Selbstreflexivität ist Sinngebung in Bezug auf das eigene Selbst, selbstreflexives Lernen ist Ausdruck von Autonomie (*Auto-nomie* ist Selbst-Gesetzgebung). „Sapere aude! Habe den Mut, dich deines *eigenen* Verstandes zu bedienen!“, so lautet Kant zufolge der Wahlspruch der Aufklärung, mit dem die Anpassung aus „Faulheit oder Feigheit“ überwunden werden kann (Kant 1999/1784: 20). Er gilt nicht nur für Personen, sondern auch für die Hochschule als autonome Organisation.

In welchen Formen aber erfolgt dieses Handeln im Fall einer Organisation? Organisationen sind mehr als die Summe ihrer Mitglieder. Anders als personenbestimmte *Gruppen* und anders als *kollektive* Akteure wie beispielsweise Demonstrationen oder soziale Bewegungen werden sie als *korporative* Akteure angesehene, die selber handlungs- und entscheidungsfähig sind. Ihnen wird „eine Fähigkeit zu intentionalem Handeln oberhalb der Ebene der beteiligten Individuen“ (Scharpf 2000: 97) und damit Akteureigenschaft zugeschrieben. Die Form ihres Handelns ist allerdings eine andere als die natürlicher Personen. Sie besteht nicht in körperlichen Akten wie Gestik und Mimik oder dem Sprechen oder Schreiben (so handeln ihre Positionsinhaber oder „Organwalter“, im Fall von Universitäten beispielsweise Rektorinnen, Dekane oder Senatsvorsitzende), sondern in formalen, unpersönlichen Akten, nämlich den Entscheidungen ihrer Organe. Die diesen Entscheidungen vorausgehende Willensbildung wird durch Entscheidungs*strukturen* kanalisiert, die aus inhaltlichen *Programmen* (die Kleinarbeitung der Zwecke und Ziele der Organisation), *Verfahrensweisen* der Entscheidungsbildung (wer ist wofür zuständig und wer ist zu beteiligen?) und den Rechten und Pflichten der *Mitglieder* (den Erwartungen an ihr Rollenverhalten in den unterschiedlichen Positionen) bestehen. Selbstreflexivität als Sinngebung für das Handeln der Hochschule muss deshalb in diesen Entscheidungsstrukturen verankert sein. Einen formalen Mindeststandard bieten schon die rechtlich abgesicherten Selbstverwaltungsstrukturen, die aber auch oft zu den bekannten Fehlentwicklungen der Gremiendemokratie führen (Luhmann 1975/1992: Wabuwabu als „Anwendung scharfer Praktiken auf Fernstehende"; Schimank 2001: „Festgefahrene Gemischtwarenläden"; Brunsson 2003: Zu viel „talk", zu wenig „action"). Eine große Rolle für die Herstellung korporativer Autonomie spielt deshalb die informale Entscheidungs- oder Organisations*kultur*. Da das Handeln oder die Entscheidung durch die formale Struktur niemals komplett festgelegt wird, bleibt immer eine Differenz bestehen. Ihre Ausfüllung ist Aufgabe von Führung und Management, die somit zum „Lückenbüßer der Organisation" werden (Neuberger 2002: 442, 444 unter Verweis auf Türk und Luhmann). Informalität und Organisationskultur sind somit kein Gegensatz, sondern eine Ergänzung zu den formalen Strukturen. Auch wenn man nicht so weit geht wie Stefan Kühl mit der Feststellung „Der zentrale Hebel, über den die Informalität von Organisationen – wenn man so will: die Organisationskultur – verändert wird, sind Entscheidung über die Formalstruktur“ (Kühl 2011: 129), liegen die gesuchten Räume oder Orte der Selbstreflexivität jedenfalls in dem Zusammenspiel von Struktur und Kultur, von Formalität und Informalität. Mit ihnen werden wir uns im fünften und sechsten Kapitel genauer beschäftigen.

Lernende Organisation

In diesem Zusammenspiel liegt eine Voraussetzung für eine „Lernende Organisation“. Diese Idee ist von Chris Argyris und Donald A. Schön in ihrem einflussreichen gleichnamigen Buch ausgearbeitet worden. Ihnen zufolge ist „das Lernen eine Art des Handelns“, das über die Veränderung des bisherigen Handelns beobachtbar ist (Argyris, Schön 2002: 23). Den Weberianischen subjektiven Sinn verorten sie in „handlungsleitenden Theorien“, sodass Veränderungen, die „als Lernen gelten wollen, den Nachweis für eine Veränderung in der handlungsleitenden Theorie der Organisation enthalten müssen“ (ebenda: 32). Auf einer einfachen Stufe liegt das instrumentelle „single-loop-learning“, bei dem die Handlungen mit den angestrebten Ergebnissen verglichen und bei Abweichungen angepasst werden. Es ist ein rein instrumentelles Anpassungslernen. Auf einer höheren Stufe liegt das „double-loop-learning“, bei dem auch das Wertesystem und die strategischen Ziele selbst hinterfragt werden, auf die die Handlungen ausgerichtet sind. Bei diesem wird die bloße Binnensicht überwunden, denn mit der Überprüfung der Ziele gerät auch die System-Umwelt-Beziehung, also der gesamte Kontext der Organisation, in den Blick.

Lernen erzeugt Wissen. Die zentrale Frage, mit der sich die Autoren befassen, lautet: „Unter welchen Voraussetzungen wird dieses Wissen ‚organisational'?" (Ebenda: 27) Auch hier besteht – wie schon oben bei dem Handeln – ein Zusammenhang zwischen dem Lernen auf den Ebenen der Individuen, der Interaktionsgruppen und der Organisation: „Organisationales Lernen erfolgt über Individuen und deren Interaktionen, die ein verändertes Ganzes mit eigenen Fähigkeiten und Eigenschaften schaffen" (Probst/Büchel 1998: 21). Individuelles Lernen wird über eine Phase personengebundenen kollektiven Lernens dann zum Organisationslernen, wenn es sich in veränderten Strukturen, Kulturen und Routinen der Organisation niederschlägt. In ihnen verkörpert sich das Wissen der Organisation, das wiederum auf das Handeln der Mitglieder zurückwirkt.

Die Bedeutung kollektiven Lernens hat Kurt Lewin in seinen Forschungen zur Gruppendynamik mit einem häufig zitierten 3-Phasen-Modell entdeckt („Changing as Three Steps: Unfreezing, Moving, and Freezing of Group Standards", Lewin 1947: 34–35), in dem der Zusammenhang zwischen dem Lernen der Gruppe und dem Lernen der Mitglieder deutlich wird. Danach stoßen Veränderungsprozesse zunächst auf „eingefrorene" mentale Modelle der Gruppe, die kaum Spielraum für Veränderungen eröffnen. Sie müssen erst durch Bewusstseinsprozesse (reflexives Lernen) „aufgetaut“ oder „verflüssigt“ werden, um allmählich individuelle und kollektive Verhaltensänderungen zu ermöglichen. Danach ist dann wieder ein erneutes „Einfrieren“ erforderlich, wenn die Veränderungen stabil und dauerhaft wirksam sein sollen.

Diese Wechselwirkung zwischen den Mitgliedern und der Gruppe lässt sich auch auf die Organisation übertragen. Argyris/Schön (2002) unterscheiden bei den handlungsleitenden Theorien zwischen der offiziell vertretenen Theorie („expoused theory“), die sich in vergegenständlichten Artefakten der Organisation wie Leitbildern, Organigrammen, Verfahrensdarstellungen u. ä. niederschlägt, und der tatsächlich handlungsleitenden Theorie („theory-in-use“), die in den Handlungen „stillschweigend enthalten ist“ (ebenda: 27–32). Diese *Theory-in-Use* muss – in der Logik Lewins – zunächst bewusst gemacht und aufgetaut werden, um sie zu verändern und damit verändertes Handeln zu ermöglichen. Ohne ein solches kollektives Lernen reagiert die Organisation auf Veränderungsimpulse mit „defensiven Routinen“ (dazu Carstensen 2004). „Organisationales Lernen ist kollektives Lernen“ (Wilkesmann 1999: 496), das „in den Bildern der Organisation verankert werden [muss], die in den Köpfen ihrer Mitglieder und/oder den erkenntnistheoretischen Artefakten existieren“ (Argyris, Schön 2002: 31 f.).

Die Grundmuster für den Zusammenhang zwischen dem individuellen Lernen der Mitglieder und dem überindividuellen Lernen, sei es der

Gruppe, der Organisation oder auch der Profession, sind gleich. Stets geht es um das Lewin'sche Auftauen - Ändern - Einfrieren, unterschiedlich sind lediglich die überindividuellen Orte oder Wissensspeicher, in denen sich das Lernen dokumentiert (Abb. I).

Individuum	Überindividuell	Wissensspeicher
Mitglied einer Arbeitsgruppe	Gruppe	Geteilte mentale Modelle in den Köpfen der Gruppenmitglieder; symbolische Artefakte, die das Gruppenwissen repräsentieren
Mitglied einer Organisation	Organisation	Entscheidungsstrukturen der Organisation; symbolische Artefakte, die das Organisationswissen repräsentieren
Führungskraft als *Reflective Practitioner*	Profession	Professionswissen, Theorie

Abb. I: Individuelles und kollektives Lernen

Damit ist der erste Teil des Argumentationsgangs abgeschlossen, in dem der Grundgedanke des Buches und die ihn tragenden Begriffe und Konzepte erläutert wurden. Der zweite Teil mit dem organisationswissenschaftlichen Schwerpunkt folgt im dritten und vierten Kapitel.

3. Der Sinn von Führung einer Organisation

> Wir müssen mit dieser Gesellschaft nicht zufrieden sein; aber wir können es nicht sein, wenn wir nicht lernen, mit Organisationen auszukommen und sie mit ihren eigenen Mitteln auszutricksen, wenn sich die Mühe lohnt.
>
> *Niklas Luhmann*

Wozu dient Führung überhaupt, worin besteht ihre Kernaufgabe? Pointiert gefragt: Worin liegt ihr Sinn? Auf diese Frage hat der Organisationswissenschaftler Ralph Grossmann (2001) mit der knappen Feststellung geantwortet: „Führung ist eine (spezielle) Dienstleistung im Interesse der Funktionsfähigkeit der Organisation". In dem Dienst-Leisten kommt der fremdnützige Charakter des Führens gegenüber der „anderen Seite der Medaille" zum Ausdruck, deren Funktionen wiederum verstanden sein müssen, wenn der Sinn des Führens verstanden werden soll.

Im diesem und dem folgenden Kapitel konzentrieren wir uns deshalb auf die Organisation und ihre Funktionen. Dabei behandeln wir diese Thematik zunächst in einem Organisationsverständnis, das zwar *auch* für Universitäten gilt, aber allgemeiner Natur ist. In dem anschließenden vierten Kapitel werden dann universitätsspezifische Besonderheiten thematisiert. Insgesamt soll damit ein organisationswissenschaftliches Grundverständnis eingeführt werden, das *Reflective Practitioners* beim selbstbestimmten Ausfüllen ihrer Leitungsrolle unterstützen kann.

Dass eine Organisation nicht nur eine Ansammlung kooperierender Personen, sondern eine personenunabhängig handlungs- und entscheidungsfähige Einheit darstellt, wurde schon in dem vorherigen Kapitel dargestellt. Renate Mayntz hat Organisationen schon früh „als soziale Gebilde, die auf einen bestimmten Zweck orientiert und planmäßig gestaltet sind" beschrieben (Mayntz 1963: 147). Organisationen ermöglichen Arbeitsteilung und Spezialisierung, sodass die Leistungsfähigkeit eines jeden einzelnen Mitglieds höher ist, als wenn es die gesamte Breite der Aktivitäten selbst ausüben müsste. Im Gegenzug muss die Organisation aber auch dafür sorgen, dass die ausdifferenzierten Tätigkeiten wieder integriert werden. Schließlich sollen sie nicht (nur) eigennützig erfolgen, sondern zu dem Organisationserfolg beitragen. Was sich allerdings in der arbeitsteiligen Wirtschaft durch „die unsichtbare Hand des Marktes" auf wundersame Weise wie von selbst zusammenzufügen scheint, muss in der Organisation „planmäßig gestaltet" werden. Die Kooperation der Mitglieder erfolgt nicht „spontan" im Wege der Selbstorganisation, sondern muss durch Führung und Management gewährleistet werden.

Organisation und Mitglieder werden dabei getrennt gedacht. Die Organisation ist mehr als die Summe ihrer Mitglieder, die Mitglieder sind hingegen nur ausschnittsweise, nämlich in ihrem Rollenverhalten auf den ihnen zugewiesenen

Positionen, Teile der Organisation. Als „Personen mit Leib und Seele“ bleiben sie eigenständige (psychische) Systeme, die „außerhalb des jeweiligen Sozialsystems stehen. Alle Personen, auch die Mitglieder, sind daher für das Sozialsystem Umwelt“ (Luhmann 1964/1999: 25). Genauer gesagt stellen sie seine „interne Umwelt“ dar, auch wenn diese über die Mitgliedschaftsrollen mit der Organisation gekoppelt wird. Die Erwartungen an das Rollenverhalten (in Hochschulen etwa gegenüber Professorinnen, Hochschul- oder Fakultätsleitungen, Verwaltungsangehörigen, Mitarbeitern und anderen) werden personenunabhängig durch Satzung oder Arbeitsvertrag bestimmt. Auf diese Weise beeinflussen die Mitglieder zwar mit ihrer Motivation und Kompetenz das Organisationshandeln, beide Seiten bleiben aber unterscheidbar und verschmelzen nicht miteinander.

Ähnliches gilt für die „externe Umwelt“ der Organisation, die Gesellschaft. Auch mit ihr steht die Organisation in einem Austauschverhältnis und darf, wenn dieses aufrechterhalten werden soll, nicht mit ihr verschmelzen. Soziologisch wird „Gesellschaft“ allerdings nicht als hierarchisch geordnete Totalität, sondern als ein ausdifferenziertes System unterschiedlicher „Wertsphären“ (so schon Max Weber) oder „Funktionssysteme“ (so später die soziologische Systemtheorie) konzipiert. Es handelt sich zum Beispiel um das Wissenschafts-, das Rechts-, das Wirtschafts- oder um das politische System. In jedem werden gesellschaftliche Problemstellungen in einer selektiven Perspektive wahrgenommen und auf ihre Relevanz überprüft (ausführlich dazu Schimank 2007 a). Die Funktion des Wissenschaftssystems beispielsweise besteht in der Erzeugung neuer Erkenntnisse, es ist deshalb darauf ausgerichtet, *Wahres* von *Unwahrem* zu unterscheiden. Das Funktionssystem Wirtschaft sorgt für die Produktion von Gütern und Dienstleistungen und richtet sich an dem ökonomischen Erfolgskriterium *Geld haben/nicht haben* aus. Politik sorgt in einem Geflecht divergierender Interessen für kollektiv verbindliche Entscheidungen und ist deshalb auf die Erringung von *Macht* ausgerichtet, und das Erziehungssystems ist auf die Erzeugung eines (Aus-)bildungsniveaus in der Gesellschaft gerichtet und bemisst den Erfolg in guten oder schlechten *Noten und Studienabschlüssen.* Die Kleinarbeitung gesellschaftlicher Probleme erfolgt in diesen unterschiedlichen „Steuerungssprachen" (Parsons 1964: 37) oder „symbolisch generalisierten Kommunikationsmedien" (Luhmann 1974). Nur, was in der jeweiligen binären Logik relevant ist, wird als „sinnvoll" wahrgenommen und kann „auf die Entscheidungszusammenhänge des Systems bezogen werden", der Rest wird „als Irritation, als Störung, als Rauschen" (Luhmann 1988: 173) weggefiltert. Insofern sind die Funktionssysteme Sinn- oder Wertsysteme, in denen gesellschaftliche Erwartungen zum Ausdruck kommen.

Teilsystem	Funktion	Generalisiertes Kommunikations-medium, „Steuerungs-sprache“	Binärer Code, Maßstab für Erfolg
Wissen-schaft	Erzeugung neuer Erkenntnisse	Wahrheit	wahr/nicht wahr
Erziehung	(Aus-)bildung, Karriereselektion	Bildungsab-schlüsse, Noten	gute/ schlechte Noten
Politik	Schaffung kollektiv verbindlicher Ent-scheidungen	Macht	machtvoll/ machtlos
Wirtschaft	Versorgung mit Gütern und Dienst-leistungen	Geld	zahlen/ nicht zahlen
Recht	Sicherheit, Konflikt-entscheidung	Recht	rechtmäßig/ rechtswidrig

Abb. II Funktionssysteme der Gesellschaft (Beispiele)

Durch diese Blickverengung wird einerseits eine vertiefte Bearbeitung und höhere Effizienz ermöglicht, andererseits aber auch die Reintegration der unterschiedlichen Perspektiven erforderlich. Ein Supersystem, das diese Aufgabe über den vertikalen Mechanismus der Hierarchie wahrnehmen könnte, gibt es nicht. Auch die Politik ist nur eines von mehreren Teilsystemen, sodass sich die Frage stellt: „Was hält eine solche Gesellschaft dann überhaupt noch zusammen?“ (Schimank 2007 a: 58; 173). Die Integration kann nur horizontal zwischen den Teilsystemen selbst erfolgen, die sich aber infolge ihrer unterschiedlichen Sinnhorizonte oder Steuerungssprachen nicht verstehen. Sie müssen Irritationen, Störungen oder Rauschen der anderen Teilsystemen erst in ihre eigenen Rationalitätsmuster „übersetzen“, um abschätzen zu können, ob sie von Bedeutung für sie sind. Da sie selber nicht handlungsfähig sind, bedarf es dazu in ihnen wirkender Akteure, die diese Übersetzungsleistungen erbringen. Das sind in erster Linie Organisationen, denen deshalb eine wichtige Rolle bei der gesellschaftlichen Integration zukommt. Schon Max Weber hat darin einen der Gründe für die „Tendenz zur Organisationsgesellschaft" erblickt.

Diese Rolle der Organisationen ermöglicht es, die *evolutionäre* Entwicklung der gesellschaftlichen Teilbereiche, die in einer systemtheoretischen Perspektive im Vordergrund steht, mit einer *intentionalen* Integration zu verbinden, die über das „Reflexionspotential korporativer Akteure" (Schimank 2007 a: 245 f.; 176–183) eingebracht wird. Es handelt sich nicht um Konkurrenz, sondern eine „notwendige Ergänzung der systemtheoretischen durch akteurtheoretische Herangehensweisen" (ebenda: 183). Organisationen vertiefen also einerseits - etwa als Kirche, Justiz, Universität oder Wirtschaftsunternehmen - die Eigentümlichkeit und Autonomie ihres Teilbereichs gegenüber den anderen Bereichen und treiben die gesellschaftliche Differenzierung voran, sie können aber auch Entwicklungen der anderen Teilbereiche daraufhin beobachten, ob sie für den eigenen Funktionsbereich relevant sind, und in ihr eigenes Sinnsystem übersetzen. „Organisationen leisten so eine wichtige gesellschaftliche Integrationsleistung und werden in gewissem Sinne zu Miniaturgesellschaften, da in ihnen gesellschaftliche Funktionslogiken (Interessen) aufeinandertreffen und verhandelt werden"

(Busse 2020: 348). Die gesellschaftliche Integration, soviel lässt sich festhalten, hängt jedenfalls von der Reflexionsfähigkeit der Organisation ab. Sie kann den Akteuren „das ‚Wir sitzen alle im selben Boot' vor Augen führen" und damit einer zu starken Desintegration entgegenwirken (Schimank 2007 a: 180). Im Zusammenhang mit der „unternehmerischen Universität" wird darauf im vierten (universitätsspezifischen) Kapitel zurückzukommen sein.

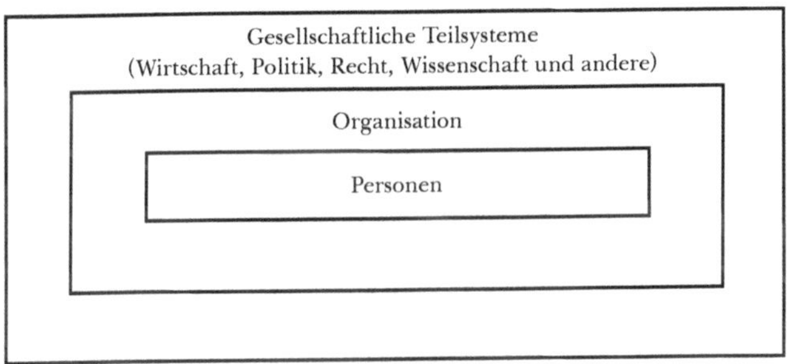

Abb. III: Externe und interne Umwelt der Organisation

Als Resümee dieses Abschnitts lässt sich die *Position* der Organisation in Abb. III verdeutlichen. „Der Gegenstand und die Untersuchungseinheit der Organisationsanalyse liegen zwischen der individuellen und der gesellschaftlichen Ebene" (Mayntz 1963: 147). Wie lassen sich nun ihre *Funktionen* bestimmen, auf die sich die Dienstleistung „Führung" konzentrieren soll? Diese Frage ist Gegenstand des folgenden Abschnitts.

Allgemein ausgedrückt besteht die Funktion einer Einheit in ihrem Nutzen für eine andere Einheit. Funktionen antworten auf die Frage: „Wozu ist das gut?" Der Nutzen einer Universität zum Beispiel liegt darin, dass sie Wissen bewahrt, es durch Lehre für die Gesellschaft zugänglich macht und durch Forschung erneuert. In der Erfüllung dieser Funktionen liegt dann ihr Zweck. Zwecke und Ziele unterscheiden sich im Wesentlichen dadurch, dass Zwecke auf die Beziehungen zur Umwelt, Ziele hingegen auf die Handlungskoordination nach innen gerichtet sind. Zwecke werden deshalb eher aus dieser Außenperspektive, Ziele eher aus der Innenperspektive benannt (vergleiche zu den terminologischen Unterschieden zwischen Ziel, Zweck und Funktion Mayntz 1963: 58 f.). Die *Funktionsfähigkeit* als Fixpunkt von Führung ist somit gegeben, wenn die Funktionserfüllung oder Zweckerreichung ermöglicht wird.

Die Bedingungen für die Funktionsfähigkeit erschließen sich leicht, wenn wir Organisationen als „soziale Systeme" verstehen. Einer der grundlegenden Gedanken der Systemtheorie, die wir schon bei den gesellschaftlichen Teilsystemen kennengelernt haben und nunmehr auf Organisationen anwenden, besteht in der „System – Umwelt – Beziehung". In Abb. III befindet sich die Organisation zwischen einer in Teilsysteme ausdifferenzierten Gesellschaft, ihrer externen Umwelt, und einer internen Umwelt, die aus ihren Mitgliedern besteht. Um zwischen ihren Umwelten überlebensfähig zu sein, stehen Systeme mit diesen in einem ständigen Austausch. Dazu sind sie an sie angepasst, dürfen aber auch nicht „überangepasst“ sein. Unterscheiden sie sich nicht mehr von ihrer Umwelt, verschwinden die Grenzen mit der Folge, dass das System in seiner Umwelt aufgeht und seine Eigenständigkeit verliert. Das lässt sich an dem Beispiel von Personen („psychischen Systemen“) verdeutlichen: Ihr Denken ist auf den Austausch mit der Umwelt angewiesen, sonst kreist es nur noch um sich selbst und wird autistisch. Es muss dabei aber seine Identität bewahren und den Austausch nach selbstgesetzten Kriterien verarbeiten, muss *eigenes* Denken bleiben, sonst ist es nur Abbild der Umwelt und überangepasst. Ähnliches gilt auch für soziale Systeme wie Hochschulen. Auch sie müssen im Kontakt mit ihrer Außenwelt stehen und mit Lehre, Forschung und Bildung nützliche Funktionen für ihre „Anspruchsgruppen“ in der Gesellschaft erfüllen. Sie dürfen dabei aber nicht zur bloßen Werkbank der Wirtschaft oder zu Erfüllungsgehilfen der Politik degenerieren, sondern müssen ihre Identität als *wissenschaftliche* Organisationen behaupten, wenn sie als Akteure in dem Wissenschaftssystem ernstgenommen werden wollen. Ebenso müssen sie sich in ihrer Innenwelt gegenüber den Mitgliedern abgrenzen, wenn sie nicht zum Spielball mikropolitischer Interessen werden und ihre Funktionsfähigkeit beeinträchtigen wollen.

Dieser Zusammenhang wird in dem sogenannten AGIL-Schema des Soziologen Talcott Parsons präzisiert, einem der Begründer der soziologischen Systemtheorie. Systeme beschreibt er als „geordnete Aggregate, die in eine fluktuierende Umwelt eingebettet sind und mit ihr in Wechselwirkung stehen" (Parsons 1976: 80). Auch wenn die Entwicklung mittlerweile über seinen struktur-funktionalistischen Ansatz hinausgegangen ist und dieser sich auf die Gesellschaft insgesamt als System bezog: Der Grundgedanke seines Modells bleibt sehr erhellend und lässt sich gut auf Organisationen übertragen, zumal er ursprünglich aus der Kleingruppenforschung entstanden ist (Schimank 2007 a: 84–86). Renate Mayntz (1963: 48 Fußnote 128; 55 f.) übernimmt ihn für ihre Organisationsanalyse, obwohl sie Parsons im Übrigen nicht folgt. Ihn interessiert die Frage, *wie* sich Systeme in einer fluktuierenden Umwelt erhalten können. Mit dem AGIL-Schema lassen sich vier *functional prerequisites* beobachten, die für die Stabilität des Systems relevant sind. Es hat nichts mit dem in Mode gekommenen „agilen" Management zu tun, das neuerdings auch in die Hochschulforschung Eingang findet (Baecker 2017; Scherm 2021). Die Abkürzung bezeichnet vielmehr die Anfangsbuchstaben von vier grundlegenden Funktionen, die ein soziales System erfüllen muss, um in seiner Umwelt zukunftsfähig zu bleiben (vergleiche die Darstellung bei Abels 2009, Bd. 1: 129 f., 214–217, an die ich mich anlehne):

- A Adaption: Systeme müssen mit ihrer Umwelt in der Weise verbunden sein, dass sie sich an sie anpassen können, diese aber auch im Sinne ihrer eigenen Zielsetzungen beeinflussen können.
- G Goal attainment: Systeme müssen in der Lage sein, eigene Ziele zu setzen und zu realisieren, da sie sonst nicht in der Lage sind, die Grenzen gegenüber ihrer Umwelt aufrechtzuerhalten. Ohne diese Fähigkeit würden sie in ihrer Umwelt aufgehen und ihre Eigenständigkeit verlieren.
- I Integration: Systeme sind intern in Substrukturen ausdifferenziert und steigern durch diese Art von Arbeitsteilung ihre Leistungsfähigkeit, müssen aber zugleich dafür sorgen, dass die Teilelemente zusammenwirken und zur Zielerreichung beitragen.
- L Latent pattern maintenance: In dem System herrschen bestimmte kulturelle Muster, die für Stabilität in dem anpassungsbedingten Wandel sorgen.

Das AGIL-Schema bezeichnet Funktionen sozialer Systeme, es ist keine Anleitung für Führungshandeln. Fasst man Führung jedoch mit unserer Eingangsthese als „eine organisationale Fähigkeit, spezialisiert auf Fragen der Selbstentwicklung der Organisation“, oder als „Dienstleistung im Interesse der Funktionsfähigkeit der Organisation“ auf, leuchtet ein, warum das Schema die Antwort auf die Frage nach dem Wozu von Führung bietet. Es beschreibt evolutionäre Prozesse, die in der einen oder anderen Weise stattfinden. Will man sie sich zunutze machen, müssen sie bewusst beeinflusst werden. Dazu bedarf es einsichtiger „Akteure, die das funktionale Erfordernis erkennen und zugleich eine zutreffende Vorstellung darüber entwickeln, [wie es] adäquat erfüllt werden könnte" (Schimank 2007 a: 109). Darin liegt der Sinn von Führung.

Was bedeuten diese Überlegungen für Universitäten? An dieser Stelle bleibt es vorerst bei Hinweisen auf naheliegende Verbindungen. Die Besonderheiten von Universitäten werden in dem nachfolgenden vierten Kapitel behandelt.

Adaptive University Structures, so der Titel der Habilitationsschrift von Barbara Sporn (1999), bestehen, wenn sie die Anforderungen aus ihrem gesellschaftlichen Umfeld erkennen und sich mit ihnen bewusst auseinandersetzen. Es geht nicht um die umstandslose Erfüllung der Anforderungen, sondern um ein überlegtes Verhalten ihnen gegenüber, um „Responsiveness" (Flink, Simon 2015; Torka 2015). Bei der Art und Weise der Beantwortung besteht ein großer Spielraum, in dem diese Strukturen sich zwischen den Sinnsystemen des Wissenschafts- und des Erziehungssystems verorten müssen. Zusätzlich ist zu berücksichtigen, dass sie verstärkt von Drittmitteln abhängig werden, die ihnen aus dem Politischen und dem Wirtschaftssystem zufließen (zu diesem Verständnis der Universität als *hybrider* Organisation Zechlin 2023).

Goal attainment ist die Fähigkeit, sich in diesem offenen Feld mit einem eigenen Profil zu positionieren (kritisch-empirisch dazu Kosmützky 2010). In ihr liegt der eigentliche Sinn der Hochschulautonomie. Ihr „Selbst" ist einer Hochschule nicht extern vorgegeben, sondern kann nur von ihr selbst entwickelt werden. „Keine Instanz kann von außen einer Organisation Sinn und Identität einpflanzen" (Wimmer 2012: 35).

Integration zielt auf die Innenseite der Hochschule, auf ihre sachliche, personelle und strukturelle Ausdifferenzierung. Die Entwicklung wirkmächtiger Ziele allein stellt schon ein anspruchsvolles Projekt dar, vor allem aber kann ihre Übersetzung in konkretes Veränderungshandeln höchst mühselig sein. Hochschulen sind nun einmal durch eine große interne Vielfalt gekennzeichnet, die sich in unterschiedlichen Fächerkulturen, den unterschiedlichen Ebenen Rektorat/Senat, Fakultät, Institut, Studiengang und Forschungsbereich ausdrückt. Hinzu kommen unterschiedliche Mitgliedergruppen mit ihren latenten Spannungen insbesondere zwischen Wissenschaft und Verwaltung. Ein Großteil der Schwierigkeiten bei der Führung von Hochschulen resultiert daraus, dass der Spagat zwischen der Aufrechterhaltung loser Kopplung mit ihren produktiven Elementen und der Koordination der Vielen zu einer zielorientierten Organisation nicht gelingt.

Schließlich spielen die *latenten Muster* eine Rolle, die in der Organisationskultur ihren Ausdruck finden. Sie wird häufig durch die

Metapher eines „Eisbergs“ veranschaulicht (Kühl 2011: 159–164), dessen größerer Teil zwar unsichtbar unter der Wasseroberfläche liegt, seine Bewegung aber am stärksten bestimmt. Unter der Wasseroberfläche liegen die Traditionen und die selbstverständlichen Erwartungen, die auf innerhalb und außerhalb der Universität geteilten Überzeugungen beruhen und als unbewusster Teil ihrer „Prägung“ besonders nachhaltig wirken. Sie spielen in Universitäten wegen deren jahrhundertealter Tradition eine große Rolle, wie in einem Zitat des früheren Präsidenten der University of California, Clark Kerr, zum Ausdruck kommt:

> About eighty-five institutions in the Western world established by 1520 still exist in recognizable forms, with similar functions and with unbroken histories, including the Catholic Church, the Parliaments of the Isle of Man, of Iceland, and of Great Britain, several Swiss cantons, and seventy universities. Kings that rule, feudal lords with vassals, and guilds with monopolies are all gone. These seventy universities, however, are still in the same locations with some of the same buildings, with professors and students doing much the same things, and with governance carried on in much the same ways (Kerr 2001: 115).

Das verleiht Wissenschaftlern und Wissenschaftlerinnen eine gewisse Gelassenheit, manchmal auch Dickfelligkeit, gegenüber Steuerungsversuchen von Seiten der Hochschulleitung. Auf sie kommt es aber an, denn das eigentliche „Kapital“ der Universität ist Wissen, und das „gehört“ nicht der Organisation, sondern den Wissenschaftlerinnen und Wissenschaftlern.

An dieser Stelle bleibt zunächst festzuhalten, dass die zentralen Merkmale für die Zukunftsfähigkeit einer Universität in ihrer Adaptivität bei Aufrechterhaltung ihrer Identität, in der Integration der Vielen bei Aufrechterhaltung ihrer Pluralität und in der Bewahrung ihrer kulturellen Muster bei ihrer gleichzeitigen Weiterentwicklung bestehen.

4. Besonderheiten der Universität als Organisation

Der eingeleitete Wandel zur Organisation trifft auf die Beharrlichkeit der Institution.
Barbara Kehm

Gegenüber dem „Normalmodell“ einer formal-bürokratischen Organisation im Sinne von Max Weber mit klaren Zielen, Hierarchien, Mitgliederrollen und Erfolgskriterien weisen Universitäten eine Reihe von Besonderheiten auf. Das gilt zwar für jede Organisation, denn es macht einen Unterschied, ob es sich um das Militär, ein Industrieunternehmen, ein Gericht, die Kirche oder eben eine Universität handelt, sodass sich verschiedene „Organisationstypen“ bilden lassen (Apelt, Tacke [Hg.] 2012). Universitäten werden jedoch in Teilen der Hochschulforschung als „unvollständige“ (Brunsson, Sahlin-Andersson 2000: 722) oder „spezifische“ Organisationen (Musselin 2007) angesehen, die sich überhaupt erst in einem Prozess der „Organisationswerdung“ befinden (Hanft 2008: 66–85; Huber 2012: 245; Hüther 2010: 127–165; Kehm 2012). Diese Besonderheiten und ihre Bedeutung für Führung und Management stehen in den folgenden Ausführungen im Vordergrund.

Externe Umwelt: Mehrere Funktionslogiken

In ihren Außenbeziehungen äußern sich die Besonderheiten der Universität darin, dass sie nicht nur in einem, sondern in mehreren gesellschaftlichen Teilsystemen agiert (Huber 2012: 242 f.). Das Militär arbeitet der Politik zu, Unternehmen und Gewerkschaften sind Teil des Wirtschaftssystems und Gerichte Teil des Rechtssystems. Ihre interne Strukturierung kann sich deshalb an einem klaren Bezugssystem ausrichten. Universitäten finden ihre Bezugsrahmen hingegen in den Funktionslogiken von Wissenschaft und Forschung (kontinuierliche Suche nach der Wahrheit) sowie Studium und Lehre (soziale Selektion durch Vergabe von Studienabschlüssen und Noten). Infolge ihrer öffentlichen Finanzierung und der Befugnis, anerkannte Grade zu verleihen, sind sie überdies in besonderer Weise mit Staat und Verwaltung verbunden (Aktenförmigkeit und Handeln nach Rechtmäßigkeit), was sich in der besonderen Rolle der Hochschulverwaltung ausdrückt.

Diese Multiperspektivität nach außen hat eine Multirationalität nach innen zur Folge. In Universitäten werden verschiedene „Steuerungssprachen“ zugleich gesprochen. Die klassische Verwaltung, deren Handeln sich an klaren, rechtlich bestimmten Regeln ausrichtet und weitgehend durch den Modus der Hierarchie koordiniert wird, entspricht am meisten dem Bild einer „normalen Organisation“. Schon etwas weniger gilt das für den Bereich der Lehre. Zwar sind Curricula und Modulhandbücher formalisierbar, Quantität und

Qualität der Absolventinnen und Absolventen überprüfbar und der Ressourceneinsatz steuerbar, sodass Stichweh zu dem Ergebnis kommt „Im Erziehungssystem ist die Universität tatsächlich als Organisation tätig" (2005: 124). Auch dort gilt das allerdings nur eingeschränkt, denn die direkte Interaktion zwischen Lehrenden und Lernenden ist stark durch personengebundene Merkmale, vor allem das professionelle Erfahrungswissen der Lehrenden, geprägt. Die stärksten Abweichungen von dem Bild der normalen Organisation bestehen im Bereich der Wissenschaft. Forschung wird nicht von der Organisation, sondern von den einzelnen Mitgliedern betrieben, „die im Wissenschaftssystem als einigermaßen autonome Agenten auftreten, für deren Tätigkeiten und Erfolg ihre organisatorische Mitgliedschaft in der Universität oft nur eine geringe Bedeutung hat" (Stichweh 2005: 125). Sie entwickeln ihre normativen und kognitiven Identitäten in den traditionellen Professionsgemeinschaften der Mediziner, Juristen und Theologen oder den Scientific Communities der Physiker, Historiker und anderer Disziplinen. Professionen verfügen aber über eine eigene, von der universitären unterscheidbare Autonomie, in der sie durch Regeln guter wissenschaftlicher und beruflicher Praxis, Kongresse, Fakultätstage und Ähnlichem zur Erzeugung und Verbreitung von Wissen beitragen. Das führt zu einer starken Matrixstruktur, weil die fachliche Sozialisation stark und karrierebildend ist und die Organisationsförmigkeit dadurch relativiert wird.

Aus der Politik wissen wir, dass Vielvölkerstaaten mit mehreren Sprachregimen schwieriger zusammenzuhalten sind als national geschlossene Gebilde. Das gilt auch für Universitäten. Sie werden in der Hochschulforschung als „loosely coupled systems“ (Weick 1976) oder „organized anarchies“ (Cohen, March 1986) erfasst, deren Entscheidungsbildung nach einem „garbage can model“ erfolgt, in dem nicht nur Probleme nach Lösungen, sondern auch Lösungen nach passenden Problemen und Entscheidungsgelegenheiten unter häufig wechselnden Teilnehmern suchen (Cohen et al. 1972). Diese Vielfalt ist allerdings kein Defizit, das im Interesse eines einheitlichen, schnellen und reibungslos steuerbaren Managements eingeebnet werden müsste. Ganz im Gegenteil: Sie sichert den Austausch und die Selbstbehauptung der Universität in ihren unterschiedlichen Referenzsystemen (vergleiche dazu Nickel 2012: 279–284) und stellt die Herausforderung für ein „multirationales“ Management in einer „pluralistischen Organisation“ (Schedler, Rüegg-Stürm 2013) dar. Gerade weil es nicht nur um die Logik eines einzigen Funktionssystems geht, was mit einer gewissen Eindimensionalität bei der Entscheidungsbildung verbunden wäre, sondern um die unterschiedlichen Logiken des Wissenschafts- und des Erziehungssystems, die verbunden werden müssen, besteht Raum für die selbstbestimmte Gestaltung der Identität oder des „Selbst“ der Universität. Und gerade weil das schwieriger ist als in „normalen“ Organisationen, für die ein „normales“ Führungsverhalten erwartet wird, kommen die zitierten Untersuchungen zu dem Ergebnis, dass Hochschulleitungen über ein hohes Ausmaß an Ambiguitätstoleranz und über einen spielerischen Umgang mit den jeweiligen Führungssituationen verfügen müssen. Das bedeutet mitnichten Beliebigkeit oder Laisser-faire. In dem Vorwort zu der 2. Auflage ihres einflussreichen Buches *Leadership and Ambiguity* gehen Cohen und March auf eine Reihe von Kommentaren und Kritiken zu der zwölf Jahre zuvor erschienenen 1. Auflage ein und betonen „The ambiguities of purpose, technology, and experience undermine conventional views of leaders; they do not undermine leadership. [...] We have argued, one might more reasonably see an organizational leader as having the tactical cleverness and profound capability of mixing foolishness and consistency that we honor in Ulysses and other resourceful leaders of voyages of discovery" (Cohen, March: 1986 xvii). Solche Fähigkeiten sind vor allem in einer Kultur organisationaler Selbstreflexivität erforderlich.

Interne Umwelt: Institution und Organisation

In den Beziehungen der Universität zu ihren Mitgliedern wird der Unterschied von Organisation und Profession mit dem Konzept der „Expertenorganisation" erfasst (Grossmann et al. 1997). Ärztinnen und Ärzte in Krankenhäusern oder Wissenschaftler und Wissenschaftlerinnen in Universitäten verfügen über professionelle

Kompetenzen, auf die die Organisation unabdingbar angewiesen ist. Sie bilden „das Kapital der Organisation", das sich aber „in der Hand des Experten" befindet (Grossmann et al. 1997: 25), sodass die Organisation nur gemeinsam mit dem Experten darüber verfügen kann. Ähnliches gilt für die Reputation der einzelnen Wissenschaftler und Wissenschaftlerinnen, die für das Renommee der Universität von hoher Wichtigkeit ist, bei einem Wechsel an eine andere Universität aber mitgenommen wird. Zugespitzt formuliert „gehört" die Hochschule in dem Selbstverständnis von Professoren und Professorinnen deshalb eigentlich ihnen (Zechlin 2021). Auch rechtlich waren – im Unterschied zu den Angehörigen – ursprünglich „nur Professoren und Studenten als Mitglieder der Hochschule" anerkannt (Thieme 1986: RN 187), erst spät wurde dieser Status auf alle hauptamtlich Beschäftigten ausgedehnt (in Deutschland mit dem Hochschulrahmengesetz 1976). In diesem tradierten Verständnis ist die Universität eine „Gelehrtenrepublik" (Müller-Böling 2000), die die Interessen ihrer Mitglieder zur Geltung bringen soll. Ganz im Gegensatz zu einer solchen Sichtweise verschieben sich die Arbeitsweisen aber in Richtung „Arbeitsorganisation" (Wilkesmann, Schmidt 2012 a: 8), in der die Mitglieder im Interesse der Organisation agieren sollen. Das erzeugt Spannungen.

Diese Spannungen lassen sich analytisch durch eine Verschiebung der Gewichte von einer *Institution* zu einer *Organisation* verdeutlichen. Beide Begriffe enthalten einen gemeinsamen Kern, in dem es um „die geregelte Kooperation von Menschen [geht], ein Zusammenwirken und Miteinanderumgehen, das weder zufällig noch beliebig so geschieht" (Gukenbiehl 2016: 174). Bei der Art und Weise, in der die Kooperation hergestellt wird, betonen sie aber unterschiedliche Aspekte der Handlungskoordination. Jahrhundertelang war die Universität hauptsächlich geprägt durch ihren Charakter als *Institution*, d. h. als „eine Sinneinheit von habitualisierten Formen des Handelns und der sozialen Interaktion, deren Sinn und Rechtfertigung der jeweiligen Kultur entstammen" (Gukenbiehl 2016, 174). Sie folgt einer normativen Leitidee, einer „idée directrice" (Hauriou 1965/1925), die in symbolischen Formen, Werten und sozialen Normen zum Ausdruck kommt, „die von den Akteuren im allgemeinen beachtet werden und deren Verletzung durch Reputationsverlust, soziale Missbilligung, Entzug von Kooperation und Belohnung oder sogar durch soziale Ächtung sanktioniert wird" (Scharpf 2000: 77). Die *Organisation* hingegen haben wir schon mit Renate Mayntz als ein auf einen bestimmten Zweck orientiertes und planmäßig gestaltetes soziales Gebilde gekennzeichnet. Ihr Koordinationsmechanismus (oder ihr „Handeln", siehe oben zweites Kapitel) besteht in der formalen *Entscheidung*, die notfalls auch mit Mehrheiten getroffen werden kann, einem gänzlich anderen Mechanismus als dem informalen *kollegialen Konsensprinzip*, das in der Institution vorherrschend ist und dort faktisch zu Vetomacht-Positionen und „Nichtangriffspakten" der

Lehrstuhlinhaber geführt hat (dazu Schimank 2005: 149 mit weiteren Nachweisen).

In diesen Kategorien wird die Organisationswerdung als Verschiebung von Werten zu Zwecken und von einer evolutionären Entwicklung zu einer planmäßigen Gestaltung deutlich. In kultureller Hinsicht führt sie zu einer „Entzauberung" (Loprieno 2016), die sich in ähnlicher Weise auch in anderen Organisationen wie Kirchen (Karle 2010; Reuter 2014) oder Kulturbetrieben (dazu schon Becker, Kluge 1961) beobachten lässt, in denen die institutionelle Prägung unter die Zwänge des modernen Organisierens kommt. Sie ist unausweichlich, weil die starke Zunahme der Anforderungen aus der Gesellschaft an die Universität ein überindividuelles Organisieren notwendig macht, bedeutet aber auch einen tiefgreifenden Wandel, den das Führungsverhalten in Rechnung stellen muss.

Um diesen Wandel zu verstehen, sind Führungskräfte „gut beraten, eine historische Perspektive einzunehmen" (Huber 2012: 239). Die Universität verstand sich über Jahrhunderte hinweg als genossenschaftsähnlicher Personenverband (Lundgren 1992: 54), der sich im Wesentlichen über die informale Selbstorganisation seiner Professoren koordinierte. Die Fakultät war Ort persönlicher, informeller Abstimmung, keine Organisationseinheit. Diese Idee geriet erst Ende des 19. Jahrhunderts mit dem Aufstieg der Natur- und Technikwissenschaften und der Errichtung außeruniversitärer Forschungsinstitute in die Krise. Mit der Expansion des Hochschulbereichs

Ende der 1960er Jahre erwies sie sich endgültig als nicht mehr tragfähig. Zu heterogen waren die Studenten und der Lehrkörper geworden, zu unterschiedlich die Erwartungen aus Politik, Wirtschaft und Gesellschaft an die „Produktivkraft Wissenschaft" und zu vielfältig deshalb auch die Koordinationsaufgaben, als dass sie weiterhin mittels der vertrauten Konsensmechanismen der professionellen Selbstorganisation hätten wahrgenommen werden können. Die Universität nahm deshalb schon mit der „Gruppenuniversität" stärker organisationale Züge an. Dadurch, dass in den Senaten und Fakultätsräten neben den Professorinnen und Professoren auch nichtprofessorale Wissenschaftler und Wissenschaftlerinnen, Studierende sowie Vertreterinnen und Vertretern der Verwaltung Sitz und Stimme hatten, konnten formale Entscheidungen getroffen werden, an die die Universitätsmitglieder auch dann gebunden waren, wenn sie ihnen nicht persönlich zugestimmt hatten. Auch Professoren konnten überstimmt werden. Sie hielten zwar als Gruppe bei den wichtigsten Angelegenheiten die Mehrheit der Sitze in den Gremien, konnten diese aber nur dann zum Tragen bringen, wenn sie einheitlich abstimmten, und das war häufig nicht der Fall. Sie waren deshalb die eigentlichen Verlierer der Veränderung, in der Verhaltensweisen möglich wurden, die Luhmann mit einem ethnologischen Begriff als *Wabuwabu,* als „scharfe Praktiken im Rahmen und unter Ausnutzung von fortbestehenden institutionellen Bindungen", bezeichnete (Luhmann 1975/1992: 30) und zu denen er feststellt: „Besonders von Professoren werden ganz neuartige, nie gehörte Qualitäten verlangt – zum Beispiel die der Verblüffungsfestigkeit" (ebenda: 44).

Die Verschiebung stellt keinen Bruch, sondern eine Entwicklung dar. Auch die Institution Universität war immer schon auch Organisation und die autonome Universität ist immer noch auch Institution. Was sich ändert, ist das „Mischungsverhältnis". Prägnant kommt das in den Überschriften zweier einschlägiger Arbeiten zum Ausdruck. Seine Erfahrungen mit der „Demokratisierung" hat Niklas Luhmann unter dem Titel *Die Universität als organisierte Institution* reflektiert. Sein Fazit zu dem Versuch, die Institution Universität durch das Organisieren zu stärken, war ernüchternd: „Aus der Institution ist nichts geworden" (Luhmann 1992: 94). Demgegenüber erörtert Anna Kosmützky (2010) die mit der „Autonomisierung" einhergehenden Veränderungen unter der Fragestellung *Von der organisierten Institution zur institutionalisierten Organisation?* Das Substantiv ist bei Luhmann noch die Institution, die aber schon stärkere organisationale Züge trägt, während es bei Kosmützky bereits die Organisation ist, die aber noch institutionalisiert ist. Man muss die Terminologie nicht überwerten, doch sie ist gleichwohl aussagekräftig (vergleiche dazu aus jüngster Zeit Borggräfe 2019: 77–96).

Burton Clark und das „unternehmerische Selbst" der Universität

Dass der Universität mit der Organisationswerdung Akteureigenschaft zugeschrieben wird, kommt vor allem in der Vorstellung von einer „unternehmerischen Universität" des US-amerikanischen Hochschulforschers Burton Clark zum Ausdruck. Den Ausgangspunkt seiner Überlegungen hatte er 1983 in seinem Buch *The Higher Education System* (Clark 1983) dargelegt. Ihn interessierte, wie es gelingt, die in den Hochschulen bestehende Vielfalt von Disziplinen, Traditionen und Personen, die unterschiedlichen, zum Teil sogar widersprüchlichen Erwartungen aus Politik, Wirtschaft und Zivilgesellschaft ausgesetzt ist, zu integrieren. Bei der Untersuchung dieser Frage anhand verschiedener nationaler Hochschulsysteme nutzte er als analytisches Raster drei grundlegende Mechanismen: Zum einen die Rolle des Staates, der über Parlamente und Verwaltungen mit formalen Regeln „von oben" koordiniert. Zum anderen die Rolle des Marktes, der das Verhalten der Akteure „horizontal" über Tausch und Wettbewerb koordiniert. Und zum dritten die Rolle der „akademischen Oligarchien" (der von ihm so genannten „superbarons"), die sich infolge ihres Wissens in ihrer Disziplin und ihres Expertenstatus bei der Entwicklung der Wissenschaft von niemandem etwas sagen zu lassen brauchen und Macht „von unten" ausüben. Zwar wirken alle drei Muster zusammen, aber das Zusammenwirken erfolgt in jeweils unterschiedlichen Mischungs- und Kräfteverhältnissen. Darauf richtet sich sein Untersuchungsinteresse: „We begin on simplest ground by constructing three ideal types - state system, market system, and professional system - which, in combination, offer two- and three-dimensional spaces for comparing national systems" (Clark 1983: 136). Die Ergebnisse veranschaulichte er in einem berühmten Dreieck (übrigens der einzigen

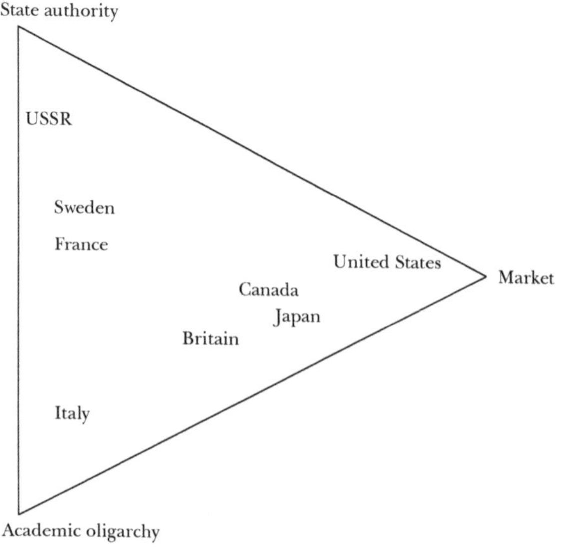

Abb. IV The Triangle of Coordination (Clark 1983: 143), nachgestellte Abbildung

Zeichnung in dem Buch), in dem, nicht weiter erstaunlich, die damalige Sowjetunion, die USA und Italien die Extrempositionen einnehmen, aber auch Mischsysteme deutlich werden.

Fünfzehn Jahre später nimmt Clark gegenüber dieser analytischen Betrachtung, in der die

Hochschulen koordiniert *werden*, eine eher präskriptive Perspektive ein. In seinem Buch *Creating entrepreneurial universities. Organizational Pathways of Transformation* (Clark 1998) plädiert er für ihre *aktive* Rolle in Veränderungsprozessen. Akteureigenschaft setzt die Fähigkeit zur Selbststeuerung und damit eine gewisse Unabhängigkeit gegenüber Staat, Markt und akademischen Oligarchien voraus. Genau darauf zielte er mit dem Begriff der „Entrepreneurial University", die sich von staatlicher Bevormundung, Abhängigkeit von den Oligarchien und Ausgeliefertsein an Marktkräfte befreien und eigene Ziele setzen und umsetzen kann. „The concept carries the overtones of ‚enterprise' – a willful effort in institution-building that requires much special activity and energy [...]. An entrepreneurial university, on its own, actively seeks to innovate in how it goes about its business [...]. Entrepreneurial universities [...] are significant actors on their own terms " (Clark 1998: 4).

Entgegen manchen Assoziationen, die mit den Begriffen „business" und „entrepreneurial" verbunden sind, hatte Clark keine neoliberale Profitorganisation im Sinn, sondern eine Einrichtung, die selber „etwas unternehmen" kann. Gegen solche Vereinnahmungen hat er sich zwei Jahre nach dem Erscheinen des Buches explizit verwahrt: „abused by devotees of neo-liberalism and organisations such as the World Bank" (Amaral 2008: 86 mit Nachweisen). In ähnlicher Weise hat er schon vierzig Jahre zuvor in einer Untersuchung kalifornischer Volkshochschulen die Fähigkeit zu eigener Zielsetzung als Voraussetzung für selbstgesteuerte Adaptivität hervorgehoben (Nachweis bei Mayntz 1963: 68 f., 150). Sein Appell an die eigenen Kräfte („on its own“) lässt sich allerdings mit den am Ende des ersten Kapitels angesprochenen Konzepten der neoliberalen Gouvernementalität und des „unternehmerischen Selbst“ (Foucault 1993; Bröckling 2007) verbinden. Diese analysieren die Auswirkungen der gesellschaftlichen Individualisierung und Desintegration auf die subjektiven Einstellungen der Akteure:

> Von Trainingskursen für Langzeitarbeitslose [... bis zu] dem, was sogenannten Führungskräften auf exklusiven Coaching-Workshops, Persönlichkeitsseminaren oder Motivationswochenenden beigebracht wird: hier wie dort die gleiche Beschwörung von Selbstverantwortung, Flexibilität und Eigeninitiative, die gleiche Aktivierungsrhetorik, das gleiche Gebot kontinuierlicher Verbesserung und der gleiche nahezu unbeschränkte Glaube an die Macht des Glaubens an sich selbst. Hier wie dort schließlich auch die Einsetzung des Marktes als oberster Richter (Bröckling 2002: 24).

Die damit einhergehenden „Technologien des Selbst“ sind für „die Einen [...] der letzte Schrei der Emanzipation, für andere sind sie eine Finte der Herrschaft, die hundsgemeine Machenschaft, die Kleinarbeit der Unterdrückung auch noch von den Unterdrückten erledigen zu lassen“ (Schmidt 2006: 176). Unter Forschungsgesichtspunkten ist es deshalb interessant, zu untersuchen, inwieweit sich diese Variante eines „unternehmerischen Aktivitätsmodus“ auch bei korporativen Akteuren wie autonomen Universitäten durchsetzt (dazu Meier 2009: 63–74; Kosmützky, Borggräfe 2012). Ganz offensichtlich gibt es dafür Beispiele. Das bedeutet aber nicht, dass die Clark'schen Vorstellungen notwendigerweise auf diese Entwicklung hinauslaufen. Unter Führungsgesichtspunkten ist es vollkommen offen, ob sich die „Universität als Akteur" (Meier 2009) tatsächlich dem „Markt als oberstem Richter" unterwirft (eine Überbetonung der Adaptionsfunktion zu Lasten der G- und L-Funktionen), oder ob sie nicht vielmehr über Prozesse der Selbstreflexivität, in denen genau derartige Fragen thematisiert werden, ein Selbst herausbilden kann, das solchen Tendenzen gegenüber widerständig bleibt. Auto-nomie ist immerhin ein aufklärerischer Gedanke, der nicht als Selbst-Unterwerfung gedacht ist.

Eine so verstandene Autonomie ist möglich. Universitäten müssen ohnehin schon infolge ihrer *Mehrsystemzugehörigkeit* die Logiken von Forschung und Erziehung verbinden, ebenso können sie, wie im vorhergehenden Kapitel für Organisationen dargelegt, auch Entwicklungen in anderen gesellschaftlichen Teilbereichen in deren Logiken erfassen und auf die Relevanz für das eigene Handeln überprüfen. Es gibt also keinen Determinismus der Teilsysteme gegenüber „ihren" Akteuren! Die Logiken der Teilsysteme entfalten ihre Wirkungen als „generalisierte sinnhafte Orientierungen" (Schimank 2007 a: 220), bei der Operationalisierung dieses Sinns für das eigene Handeln werden aber auch die Erwartungen insbesondere von Politik und Wirtschaft mit einbezogen. Sie üben einen hohen Einfluss aus, denn nach der Theorie der Ressourcenabhängigkeit (Pfeffer/Salancik 1978; in Bezug auf

Hochschulen Hanft 2003: 156) ist eine Organisationen dann erfolgreich, „wenn es ihr dauerhaft gelingt, jene externen Interessen zu befriedigen, die für die bestandssichernde Gewährleistung des Ressourcenflusses unerlässlich sind“ (Beyer 2015: 554). Für das Gesundheitssystem wird beispielsweise konstatiert:

> Die Gewichtsverhältnisse zwischen den verschiedenen Aspekten sind [...] durch den Typ der Organisation, in dem sie vorkommen, keineswegs vorentschieden. Wie es sich damit verhält, ist a priori nicht bestimmbar, sondern eine empirische Frage. Man sollte also nicht ungeprüft unterstellen, dass das, was in Krankenhäusern geschieht, stets oder auch nur überwiegend auf Medizinisches zurückzuführen ist. Die Wahrheit ist: Wir wissen es einfach nicht genau, und je mehr wir vorausschauend ‚hinter die Kulissen' blicken umso mehr stoßen wir auf Unerwartetes, nicht selten Unerfreuliches. Für andere Organisationen [wie Universitäten, L. Z.] gilt dasselbe (Schmidt 2005: 412).

Gerade wenn Unerfreuliches vermieden werden soll, muss die Akteureigenschaft der Universität also befördert werden, statt sie in die Nähe der Selbstunterwerfung zu rücken. Dass das Austarieren der Gewichtungsverhältnisse offen ist, sich also als empirische Frage darstellt, ist für den Hochschulsektor ohne weiteres einleuchtend, in dem ja in der Spannbreite von der klassischen Forschungsuniversität bis hin zu einer primär kommerziell interessierten privaten Fachhochschule eine solche Fülle von Einrichtungen mit ganz unterschiedlichen Profilen entstanden ist, dass von einer „Multiversity“ (Kerr 2001: 1–34) gesprochen wird.

Der Kampf um die Deutungshoheit zwischen Institution und Organisation wird auch in der Literatur deutlich. Der Übergang von der Ordinarienuniversität zur Hochschule als Organisation wurde in den 1960er Jahren eingeläutet und scheint heutzutage abgeschlossen zu sein. Er lässt sich als Krise der Universität verstehen, in der die noch vorherrschenden subjektiven Erwartungen der Hochschulangehörigen auf die objektiv schon dominant werdende reale Organisationswerdung stoßen. Deshalb wird der Übergang in diesem Zeitraum auch vermehrt literarisch verarbeitet, sodass sich *Universitätskrisen im Spiegel von Hochschulromanen* beobachten lassen (Kehm 2001). In dem Typus des Campusromans scheitert die Verbindung von organisationaler Entscheidung und institutioneller Kultur. Seine Protagonisten sind „Musterbeispiele heroischen Einzelkämpfertums gegen eine Modernisierung des Bildungssystems, die insbesondere aus geisteswissenschaftlicher Perspektive als Traditionsbruch und Kompetenzentzug empfunden wird“ (Griem 2015: 120). Ihre Triebkraft beziehen sie aus einer „leitmotivischen Liebe“ zur Wissenschaft, der „Reinheit männlicher Hingabe“ (ebenda: 121, 117), die sie in einen unüberbrückbaren Gegensatz zu der an gänzlich anderen Triebkräften ausgerichteten Universität bringt. Die Konsequenz ihrer Prinzipienfestigkeit besteht darin, dass sie „als tragische Modernisierungsverlierer“ aus der Universität vertrieben werden. Wissenschaft existiert dann nur noch in ihrer individuellen Erinnerung – so im Fall des Literaturdozenten *Stoner* (Williams 2013; dazu Griem 2015) – oder als privates Tun außerhalb der Universität – so im Fall des Soziologieprofessors Hackmann in dem Roman *Der Campus* (Schwanitz 1995; dazu Zechlin 2017 b), der nur noch als ein Sokrates ähnelnder, über den Campus wandernder Unruhestifter Wirksamkeit entwickeln kann. Der Roman *Stoner* erschien erstmals 1965 und stieß damals auf keine große Aufmerksamkeit. Erst als er 41 Jahre später neu aufgelegt wurde, konnte er als Kontrastfolie zu der mittlerweile weit vorangeschrittenen Managerialisierung der Universität gelesen werden und wurde rasch zum internationalen Bestseller. Diagnostisch lasse er sich aber „allenfalls ex negativo" lesen, nämlich „als idyllisierender Bildungsroman, der die Betriebsförmigkeit von Forschung und Lehre anklagt; [...] als wirkungsvoll komponierte Melange aus Bildungskitsch und Männerfantasie, mit der sich der Funktions- und Wertewandel von Bildungslandschaften nostalgisch dämonisieren, aber nicht durchdringen lässt", kritisiert die Kulturwissenschaftlerin Julika Griem (Griem 2015: 121; vergleiche auch Griem 2016). Hinzuzufügen wäre allerdings wohl, dass in Campusromanen auch tatsächliche Fehlentwicklungen aufs Korn genommen werden, die Demokratisierung und Autonomisierung mit sich gebracht haben.

Die Hochschulforscherin Barbara Kehm fasst die Lage mit dem Satz zusammen „Der eingeleitete Wandel zur Organisation trifft auf die Beharrlichkeit der Institution“ (2012: 23). Zwischen diesen beiden Polen bewegt sich Führung. Weder kann sie sich entsprechend dem traditionellen Kollegialitätsprinzip der Institution auf die Rolle als Primus inter Pares beschränken, weil damit die gewachsenen externen Anforderungen an Universitäten nicht zu bewältigen sind (die Adaptions-Funktion bliebe unterbelichtet), noch kann sie wie in einer „normalen“ Organisation dem Bild von den „starken Männern oder Frauen an der Spitze der Universität“ (Löwer 2003) nacheifern, weil damit für die Leistungsfähigkeit von Universitäten essentielle Besonderheiten außer Acht blieben (die I- und L-Funktionen blieben unterbelichtet).

Die Managementtheorie kennt die Unterscheidung von normativem, strategischem und operativem Management, die in einem Dreieck visualisiert wird (Bleicher 2004: 77–84). Auf der obersten, normativen Ebene sind – häufig in Form von Leitbildern oder *Mission Statements* – Aussagen über die identitätsbildenden Werthaltungen des Unternehmens (seine „Philosophie“) angesiedelt, auf der mittleren, strategischen Ebene die zu verfolgenden Ziele und auf der unteren, operativen Ebene die Umsetzungsprojekte, mit denen die Zielerreichung gewährleistet werden soll. Für die Betonung der Institution ist dann eine wertebestimmte, mehr oder weniger naturwüchsig-evolutionäre Entwicklung ohne den Unterbau einer Strategie kennzeichnend, während die Betonung der Organisation (die „unternehmerische Hochschule“) der Gefahr unterliegt, technokratische Strategien und Projekte zu entwickeln, die von einem gemeinsamen Werte- und Sinnzusammenhang entkoppelt sind und keine nachhaltige Kraft entfalten. Diese beiden Ebenen müssen zusammengebracht werden.

Unter solchen Umständen hängt der Erfolg von Führung von ihrer „erfolgreichen Institutionalisierung [ab], da nur solche Formen erfolgreich sein können, die seitens der Mitglieder der Organisation und ihrer Stakeholder als diejenigen angesehen werden, die die Normen und Werte von Hochschulen repräsentieren und aufrechterhalten“ (Kehm 2012: 22). Nicht zufällig trug deshalb das DFG-Projekt, aus dem die Untersuchungen von Kleimann (2016) und Bieletzki (2018) entstanden sind, die Bezeichnung „Universitätspräsidenten als ‚institutional entrepreneurs‘“ (DFG 2013).

5. Führung als Beeinflussung der Organisation

Den bisherigen Ausführungen zufolge nehmen Universitäten als soziale Systeme Informationen aus ihren relevanten Umwelten auf und verarbeiten sie nach den Eigenlogiken von Forschung, Lehre und Verwaltung. Einen geeigneten Referenzrahmen zur Beobachtung dessen, was dabei geschieht, bietet das Parsons'sche AGIL-Schema, in dem die für den Erhalt eines sozialen Systems grundlegenden Funktionen angegeben sind. Die Aufgabe von Führung liegt darin, ein solches Funktionieren der Organisation zu gewährleisten. Wie kann das in dem Zusammenspiel zwischen den „beiden Seiten ein und derselben Medaille" so geschehen, dass auf Seiten der Universität Selbstreflexivität entsteht? Diese Frage wird in diesem Kapitel aus der Sicht des Führungshandelns gegenüber der Organisation und in dem folgenden Kapitel umgekehrt aus der Sicht der Organisation und ihren „Andockmöglichkeiten" für Führungshandeln beantwortet.

Was tut ein Manager in einem sich selbst organisierenden System?

Vor der Frage nach dem Wie der Führung steht die skeptische Frage, *ob* Führungshandeln überhaupt einen Unterschied macht oder ob nicht vielmehr die AGIL-Funktionen ohnehin schon eine rein evolutionäre Systementwicklung mit sich bringen. Im diesem Fall wären Führung und Management vernachlässigenswert, sie könnten bestenfalls so tun, „als ob es einen Sinn machen würde", wie es in einer Studie zu dem strategischen Management in Hochschulen ausgedrückt worden ist (Berthold 2011: 135). In der Eingangsthese dieses Buches ist hingegen die Auffassung vertreten worden, dass die mit der Autonomie angestrebte Handlungsfähigkeit der Universität „nicht von alleine entsteht", sondern durch Führung und Management „geschaffen" werden müsse. Das Ob bedarf also einer Klärung.

Systemtheoretisch gesehen stellt sich die Frage *Was tut ein Manager in einem sich selbst organisierenden System?* (Luhmann 1990). Die Antwort auf diese Frage sei Luhmann aus einer grundsätzlichen Steuerungsskepsis heraus „letztlich schuldig geblieben", konstatiert Rudolf Wimmer, der als Wissenschaftler, Manager und Berater selber dem systemischen Denken verpflichtet ist (Wimmer 2012 a: 376). Luhmann hatte mit dem Hinweis geantwortet, vieles, was früher möglich war, wäre heute nicht mehr möglich, „weil es zu schnell geht". Schon der Gebrauch eines Steuerungsmittels sei ein „Ereignis", das die zu steuernde

Ausgangssituation verändert, sodass „man schon wieder steuern [muss], bevor überhaupt die Effekte eingetreten sind“. Sein vergleichsweise pragmatischer Vorschlag war, zu sagen: „Okay, versuchen wir es einmal. Wir wissen, dass wir es korrigieren müssen, wenn wir diese und jene Beobachtung machen, und auf diese Punkte kommt es dabei an“ (ebenda: 376).

Schon zwei Jahre zuvor hatte er auf der Jahrestagung der Deutschen Vereinigung für Politische Wissenschaft in einem Streitgespräch über politische Steuerung mit Fritz Scharpf, Vertreter eines akteurzentrierten Ansatzes, ähnlich argumentiert (Luhmann 1989; Scharpf 1989). Dort ging es ihm allerdings nicht um pragmatische Lösungen, sondern um analytische Schärfe. Sein Argument, so führte er aus, sei deshalb „nicht, dass Steuerung ein schrecklicher Irrtum ist und besser unterbleiben sollte. Aber wir brauchen eine Theorie, die derartige Probleme wenigstens erfassen“ könne (ebenda: 7). Um die Schwierigkeiten zu verdeutlichen, hebt er die Schattenseiten des „zu schnell Gehens“ hervor. Wenn die tatsächlichen Wirkungen des Steuerungsereignisses rascher eintreten als die beabsichtigten Wirkungen, „macht die Steuerung die Steuerung selbst oft obsolet“. Steuerungspolitik bestehe dann „mehr und mehr nur noch darin, Signale zu setzen und zu revidieren und die davon ausgehenden strukturellen Effekte nur noch als Anlass für weitere Effekte zu beobachten. Im Grenzfall befindet man sich damit in einer Disco, in der flackernde Licht- und schrille Geräuschsequenzen über die Anwesenden hinweggleiten, die sich langweilen und nach anderem Ausschau halten“. Allerdings kommt er auch in diesem analytischen Kontext, wenn auch etwas überraschend, „keineswegs zu einem negativen Urteil über Möglichkeiten der Steuerung“ (ebenda: 8).

Bei genauerer Betrachtung hatte Luhmann allerdings nicht über Steuerung im eigentlichen Sinne, sondern über Beeinflussung gesprochen. Steuern lassen sich nur Maschinensysteme, bei denen Reparaturen durchgeführt oder Teile ausgetauscht werden können, wenn sie nicht funktionieren. Schiffe oder Flugzeuge lassen sich auf diese Weise durch Steuermänner oder Kapitäninnen steuern. Soziale Systeme arbeiten in ihren Eigenlogiken aber selbstreferentiell und sind deshalb bestenfalls beeinflussbar. Für sie gilt das Gleiche wie für Personen („psychische Systeme“), die ihre Entscheidungen autonom treffen, sodass im Bildungsbereich von einem „Technologiedefizit der Erziehung“ (Luhmann, Schorr 1982) die Rede ist. Luhmanns „Steuerungsskepsis“ entbehrt also nicht eines gewissen Realismus, in ihr liegt „ein wichtiger Einwand gegen einen immer noch grassierenden Machbarkeitswahn in Sachen Systemsteuerung“ (Martens, Ortmann 2019: 447). Ein evolutionäres Laisser-faire ist ihr aber nicht zu entnehmen, im Gegenteil:

> „Evolution ist […] keine Methode der Problemlösung. Sie gibt keine Antwort auf die drängenden Fragen, die sich stellen, wenn eine Organisation Verbesserungen zu erreichen oder auf Verschlechterungen zu reagieren sucht. Es kann also nicht darum gehen, auf Reformen zu verzichten

und stattdessen auf Evolution zu setzen. [...] Überhaupt ist Evolution kein linearer Prozess und erst recht kein Prozess, der ein gutes Ende, einen überlegenen Zustand in Aussicht stellt. Auch der Niedergang von Organisationen erfolgt in der Form von Evolution“ (Luhmann 2006: 347).

Die Frage des Ob wäre also beantwortet. Als „Irritation“ oder „Störung“, die das System zu selbstorganisierten Änderungen veranlassen soll, ist der Gedanke des „Signale Setzens“ vor allem in der systemischen Gesprächs- und Familientherapie zu großer Bedeutung gelangt. In der Organisationsentwicklung ist auf dieser Grundlage der Ansatz der indirekten oder Kontextsteuerung entstanden (Willke 1998). In seiner allgemeinsten Fassung handelt es sich diesem Ansatz nach bei Führung und Management „um eine Form der Beunruhigung, die das System dazu befähigt, die in der Umwelt wahrgenommenen Anforderungen und Gelegenheiten mit den im System verfügbaren oder mobilisierbaren Ressourcen und Kompetenzen immer wieder neu abzustimmen“ (Baecker 2011 a: 7). Hinzuzufügen wäre zur Verdeutlichung lediglich, dass es sich bei der Beunruhigung nicht um einen einmaligen bloßen Auslöser für Prozesse handelt, die danach einer evolutionären Selbstentwicklung überlassen blieben, sondern um einen das Organisationsgeschehen dauerhaft begleitenden Vorgang, der durchaus auch stärkere Interventionen enthalten kann, solange nur die Rückbindung an die Selbstreflexivität und Korrekturmöglichkeiten der Organisation bestehen bleibt.

Lässt sich dieser systemtheoretische Grundgedanke auch in der Empirie des Führungshandelns von Hochschulleitungen wiederfinden? Zu dem konkreten Führungsverhalten liegen mittlerweile eine Reihe empirischer Untersuchungen vor. Nadja Bieletzki (2018) und Bernd Kleimann (2016) führten zwischen 2009 und 2013 im Rahmen des DFG-Forschungsprojekts „Universitätspräsidenten als ‚institutional entrepreneurs'" ausführliche qualitative Interviews mit Universitätspräsidenten und -präsidentinnen durch, denen es gelungen war, größere Reformprojekte zu realisieren (Bieletzki 2018: 63). Der Untertitel des DFG-Projektes fragt nach den „Ermöglichungsbedingungen und Praktiken institutioneller Führung an deutschen Universitäten" (DFG 2013), das Erkenntnisinteresse war also auf die Frage gerichtet, ob und wie sich die größere *formale* Macht, die Hochschulleitungen im Zuge der Hochschulreformen übertragen worden ist, auf ihr *reales* Leitungsverhalten ausgewirkt hat. Ihre Analysen kommen übereinstimmend zu dem Ergebnis, dass „die erweiterte formale Entscheidungs- und Durchsetzungsmacht der Universitätspräsidenten in der Praxis [...] bislang kaum in Anspruch genommen wird" (Bieletzki 2012: 163) oder „das manageriale Modell der Hochschulleitung bislang allenfalls partiell in der Realität angekommen ist" (Kleimann 2016: 843). Bieletzki zufolge wird die Legitimität der Amtsausübung weiterhin „durch die Kollegialität unter der Professorenschaft begründet, obwohl gerade diese rechtlich mit dem Ziel der Ermöglichung einer effizienteren Amtsführung geschwächt wurde". Gegenüber der Tatsache, dass die formalen Entscheidungen unverändert im Senat getroffen werden, hebt sie allerdings die Phase der Entscheidungsvorbereitung hervor, in der die Präsidentinnen und Präsidenten mit informalen Ad-hoc-Gruppen für die wesentlichen Weichenstellungen sorgen (Bieletzki 2012: 161 f.). Ihrer Vermutung nach hängt das stark „mit dem Werdegang, der Sozialisation der Universitätspräsidentinnen und -präsidenten" zusammen, die aus der Wissenschaft kommen und Erfahrungen in der Selbstverwaltung aufweisen (Bieletzki 2017: 177). Auch Kleimann konstatiert in den Hochschulen ein starkes „Unbehagen mit dem Machtbegriff", das nachgerade zu einem „Tabu" dieses Themas geführt habe. Für ihn bleibt das manageriale Modell aber zumindest als Hintergrund wirksam. Es sei nämlich auch das Bewusstsein dafür vorhanden, dass Präsidenten und Präsidentinnen dieses Tabu „gelegentlich brechen müssen, wenn sie ihr Leitungsamt ausfüllen – d. h. verbindliche Entscheidungen fällen – wollen" (Kleimann 2015: 40 f.). Für ihn ist somit „das aktuelle Modell der präsidialen Leitung weder rein kollegialer, noch rein managerialer, sondern hybrider Natur" (Kleimann 2016: 841). Kennzeichnend sei „eine Mixtur aus kollegialen und managerialen, stabilitäts- und veränderungsorientierten, autokratischen und partizipativen Momenten, deren hybrider Charakter den formalen und informalen Strukturen in der Universität der Gegenwart korrespondieren“ (ebenda: 843 f.). Zusammenfassend stellt er fest, „dass die Leitung der deutschen Universität [...] im Kern vor allem eines ist: die hybride Leitung einer hybriden Organisation“ (ebenda: 854).

Ein Dreieck: Ziele, Strukturen, Mitglieder

Soweit die Empirie. Welche Vorgehensweisen lassen sich aus der Organisations- und Führungstheorie gewinnen?

Führung zielt darauf ab, das Handeln der Geführten zu beeinflussen. Das Handeln der geführten Organisation besteht in ihren Entscheidungen. Diese sind wiederum das Ergebnis von Prozessen der Entscheidungsbildung, die in einem Zusammenspiel von Zielen, Strukturen und Mitgliedern stattfinden (so schon der Aufbau des Buches von Mayntz 1963). In diesen drei konstitutiven Merkmalen einer Organisation (Kühl 2011: 17 spricht in leicht veränderter Terminologie von dem „Dreitakter Mitgliedschaft, Zwecke und Hierarchien“) liegen deshalb die Anknüpfungspunkte, wenn die Entscheidungen selbst beeinflusst werden sollen. In der zeitgenössischen Systemtheorie werden sie als „Entscheidungsprämissen“ erfasst und in Entscheidungsprogramme, Entscheidungsstrukturen und Personal unterteilt. Bei den Programmen oder Zielen geht es um die Was-Fragen. Sie sind auf inhaltliche Festlegungen gerichtet und finden sich in Leitbildern, Strategien oder rechtlichen Regelungen wie Studien- und Prüfungsordnungen. Bei den

Strukturen geht es um die Wie-Fragen. Sie sind auf die Kommunikationswege gerichtet, in denen festgelegt wird, wer in dem Beziehungsgeflecht zwischen Selbstverwaltungsorganen, Hochschulleitungen und Hochschulräten (oder zwischen der zentralen und dezentralen Hochschulebene) an der Entscheidungsbildung zu beteiligen ist. Und bei dem Personal handelt es sich um die „Erwartungen, die sich an die Verhaltensweisen der Organisationsmitglieder in ihren unterschiedlichen Rollen knüpfen“ (Wimmer 2012 b: 38). Diese drei Faktoren konstituieren die formale Organisation, sind aber auch durch die (informale) Organisationskultur geprägt, die sich durch sie hindurchzieht. So können die faktisch verfolgten Ziele zum Beispiel von den Aussagen des offiziellen Leitbildes stark abweichen, die tatsächlich eingehaltenen Kommunikationswege ganz andere Verläufe nehmen als nach dem Organigramm zu vermuten gewesen wäre, und die an eine Position gerichteten Verhaltenserwartungen stark durch Eigeninteressen oder Machtspiele der Positionsinhaber geprägt sein.

Diesen Merkmalen auf Seiten der *Organisation* entspricht auch auf Seiten des *Führens* ein Dreieck. In ihm kommt das in der Eingangsthese angesprochene Verhältnis von Führung und Organisation als „zwei Seiten ein und derselben Medaille“ zum Ausdruck. Lutz von Rosenstiel beschreibt es mit den Worten:

> Führung ist zielbezogene Einflussnahme. Die Geführten sollen dazu bewegt werden, bestimmte Ziele, die sich meist aus den Zielen des Unternehmens ableiten, zu erreichen. [...]

> Die Wege dieser Einflussnahme sind jedoch höchst unterschiedlich. Gliedert man grob, so ist auf zwei Arten besonders hinzuweisen, die in sich wiederum vielfach ausdifferenziert werden können. Es handelt sich dabei einerseits um die Führung durch Strukturen, andererseits um die Führung durch Personen (Rosenstiel 2014: 3).

Führung über Strukturen erfolgt indirekt, weil die Strukturen das Verhalten der Mitglieder prägen; Führung über Personen erfolgt hingegen in der direkten Interaktion zwischen Führungskraft und Mitgliedern.

Ziele, Strukturen, Personen: Diese Dimensionen sind grundlegender Art, sie werden unter leicht abweichender Terminologie auch in anderen Disziplinen verwendet, zum Beispiel in der Betriebswirtschaftslehre mit der Aufbau- und Ablauforganisation, dem Ziel- und Controllingsystem und dem Personal. Die Politikwissenschaft arbeitet mit der in der englischen Sprache üblichen Unterscheidung von „Polity", „Policy" und „Politics". „Polity" sind die Strukturen der Staatsorganisation, zum Beispiel die Ausgestaltung als parlamentarische oder Präsidialdemokratie oder als Zentral- oder Bundesstaat, die das Handeln der Akteure prägen. Das Handeln selbst wird unter dem Begriff „Politics" erfasst, bei dem es um die Erringung und Verteidigung von Macht geht, zum Beispiel durch Koalitionsbildungen. „Policy" schließlich umfasst die inhaltlichen Ziele der Politik, die zum Beispiel in den Wahlprogrammen politischer Parteien, in Regierungserklärungen und ähnlichem zum Ausdruck kommen.

	Wie?	Was?	Wer?
Organisation	Struktur	Ziele	Mitglieder
Führung	Strukturen (indirekte Führung)	Ziele	Personen (direkte Führung)
Systemtheorie („Entscheidungsprämissen")	Kommunikationswege	Programme	Personal
Politikwissenschaft	Polity: Ordnungsrahmen („Ordnungspolitik")	Policy: Inhalte („Sachpolitik")	Politics: Akteure („Machtpolitik")
Beispiele aus Hochschulen	Kompetenzaufteilung (Senat, Rektorat, Hochschulrat; Zentralebene/ Fakultät) Organisationskultur (z.B. Kollegialität)	Normative Ziele (Leitbild) Strategische Ziele (für Forschung, Lehre, Verwaltung) Operative Ziele	Rollen (Führungskräfte, Wissenschaft und Verwaltung, Studierende) Mikropolitik (z.B. „Nichtangriffspakte")

Abb. V Ziele, Strukturen und Mitglieder

Führen und führen lassen

Will man die Ziele und die Gestaltung der auf die Zielerreichung gerichteten Strukturen und Prozesse durch Führungshandeln verbinden, wird eine Differenzierung wichtig, die in den wechselnden Titeln des Standardlehrbuches von Oswald Neuberger zum Ausdruck kommt. Das Buch ist zunächst unter dem Titel *Führung* erschienen, wurde ab der 3. Auflage in *Führen und geführt werden* umbenannt und ist in der 6. Auflage (der letzten, die von Neuberger selbst verantwortet wurde) unter dem Titel *Führen und führen lassen* erschienen. Im Vorwort weist er auf die Mehrdeutigkeit dieser Formulierung hin, die er gerne noch gesteigert hätte, indem der Titel nur in Großbuchstaben gedruckt worden wäre (Neuberger 2002: VI). Dann wäre auch typographisch ein Führungsverständnis deutlich geworden, in dem sich die Geführten auch führen lassen, die Führungskräfte hin und wieder das Führen (sein) lassen, und es sogar sein kann, dass sie selber durch die Geführten geführt werden und das bewusst (zu-)lassen. *Führung von oben* und *Führung von unten*, dieses Gegensatzpaar bringt die Spannbreite auf den Begriff (dazu auch Wunderer 2011: 253–268).

Verbindet man die Ziele und Prozesse mit dieser Führungsperspektive, entsteht eine Matrix (Abb. VI). Sie stammt aus dem strategischen Management (Whittington 2001: 3) und wird hier leicht modifiziert, weil sich in ihren Quadranten vier Grundmuster der Führung von Organisationen verdeutlichen lassen (Zechlin 2007: 101; 2017 a: 45; kritisch Kleimann 2016: 52–54). Diese werden im Folgenden anhand von Beispielen erläutert und auf ihr Potential für die Selbstreflexivität der Universität betrachtet.

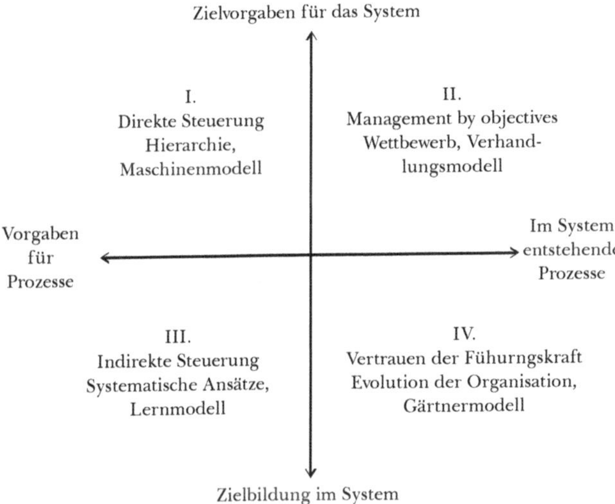

Abb. VI: Ziele und Prozesse, Führung von oben und von unten

1. Direkte Steuerung, Hierarchie

In dem 1. Quadranten finden sich Konstellationen, in denen sowohl die Ziele als auch die Prozesse zur Zielerreichung vorgegeben sind. Entgegen manchen Erwartungen kommen sie durchaus in Hochschulen vor.

Ein Musterbeispiel für diesen Typus sind politisch vorgegebene Fusionen, die hochschulintern gestaltet werden müssen. Die gesetzlichen Vorgaben für die Fusion der Universität Duisburg-Essen sahen vor, dass innerhalb von vier Jahren die Fächerstruktur, Fachbereichsgliederung, Einrichtungen und Studiengänge sowie die Hochschulverwaltung im Rahmen eines Hochschulentwicklungsplans neu zu ordnen waren. Die

Umsetzung lag weitgehend in den Händen eines Gründungsrektorats, das dazu im Benehmen (nicht zu verwechseln mit dem „Einvernehmen“) mit dem Gründungssenat Ziele und Zeitpläne entwickelte. Die Struktur- und Prozessentscheidungen mussten relativ schnell getroffen werden, weil nur auf dieser Grundlage Stabilität und plurale Autonomie der dezentralen Einheiten entstehen konnten. Deshalb erfolgte zu Beginn eine *zentrale* Top-down-Steuerung durch das Gründungsrektorat, die im Zuge der Errichtung der neuen Aufbauorganisation – nach dem Motto „Zunächst muss der Rohbau fertiggestellt sein, erst danach können die Mieter einziehen und ihre Wohnungen selbst gestalten“ – allmählich in eine stärker *dezentrale* Selbstorganisation der neuen Fakultäten überging. Der Schwerpunkt des Leitungsverhaltens konnte sich damit in den 2. und 3. Quadranten verlagern.

Zeit und Raum für Selbstreflexivität waren in der ersten, zentral gesteuerten Phase vergleichsweise gering und lagen vor allem in der Kommunikation. Das Gründungsrektorat stellte regelmäßig im Audimax die Planungen für das kommende Semester und die Ergebnisse und Ereignisse des vergangenen Semesters zur Diskussion, anfangs mit sehr hoher, nach zwei bis drei Semestern mit deutlich abnehmender Beteiligung. Zudem entwickelte es die Fusionsplanung in einem dialogischen Verfahren mit dem Senat. Dieses sah mehrere Lesungen auf beiden Seiten vor, mit klarer Rollenverteilung von Entscheidungen im Gründungsrektorat sowie Erörterungen und Stellungnahmen im Gründungssenat (Abb. VII).

Formale Entscheidung (Gründungsrektorat)	Informalität, Selbstreflexivität (Gründungssenat)
Erste Lesung (Entwurf der Beschlussvorlage)	
	Erste Lesung (Diskussion der Vorlage, Stellungnahme, Änderungsvorschläge)
Zweite Lesung (Übernahme der Senatsvorschläge oder Begründung für die Nichtübernahme)	
	Zweite Lesung (Stellungnahme zur überarbeiteten Vorlage des Rektorats)
Dritte Lesung (Beschlussfassung)	

Abb. VII Entscheidungsprozesse über Planung und Realisierung der Fusion Universität Duisburg-Essen

Die Frage, ob sich der Aufwand gelohnt hat, kann erst nach geraumer Zeit beantwortet werden. Für den Erfolg einer Fusion ist nämlich nicht nur die eigentliche Merger-Phase, also die Verschmelzung selbst, entscheidend, die 2006 abgeschlossen war (Erfolg 1). In ihr werden hauptsächlich „Ermöglichungsstrukturen" für die nachfolgende Entwicklung geschaffen, die auf dem Vertrauen „auf die evolutionäre Kraft einer klug konzipierten Prozessarchitektur" (Wimmer 2017: 205) beruhen. Der Erfolg hängt aber genauso von der nachfolgenden Post-Merger-Phase ab, in der („size matters") die neue Quantität in höhere Qualität übersetzt werden muss (Erfolg 2). In dieser Integration liegt eine eigenständige Leistung, sodass die Kausalität von Erfolg 1 für Erfolg 2 nicht per se unterstellt werden kann. Feststellen lässt sich mittlerweile jedoch, dass die Universität Duisburg-Essen eine hohe und im Verlauf der Jahre kontinuierlich angestiegene Leistungsfähigkeit aufweist.

2. Zielvorgaben, dezentral entstehende Prozesse

In dem 2. Quadranten werden die Ziele vorgegeben, während die auf die Erreichung der Ziele ausgerichteten Prozesse dezentral gemanagt werden. Dies ist das Modell des „Management by objectives".

Ein Beispiel sind hochschulweite Strategie- oder Profilbildungsprozesse, die in einer ersten Phase auf der Zentralebene Ziele bilden. Das kann sowohl eindimensional expertengesteuert als auch pluralistisch ergebnisoffen mit Zukunftskonferenzen oder Open-Space-Veranstaltungen geschehen. Mit der formalen Entscheidung (in der Regel im Senat) sind die Ziele dann den Fakultäten vorgegeben. Da die Aktivitäten, die zur Zielverfolgung erforderlich sind, aber nur auf der dezentralen Ebene vorgenommen werden können, werden sie in internen Ziel- und Leistungsvereinbarungen mit den Fakultäten ausgehandelt. Lautet das strategische Ziel zum Beispiel „Mehr Internationalisierung", können Fakultäten sehr verschiedene Wege dorthin vorschlagen, beispielsweise vermehrten Austausch von Studierenden, Lehrveranstaltungen mit internationalen oder vergleichenden Inhalten, gemeinsame Forschungsprojekte mit ausländischen Partnerinstitutionen und anderes.

Ein weiteres Beispiel besteht in wettbewerblichen Verfahren, in denen zentrale Mittel für „Innovationen in Studium und Lehre“ ausgeschrieben werden, um die sich Lehrende mit Projektvorschlägen bewerben. Über die Vorschläge entscheidet eine interne Jury aus Personen, die Engagement für Lehre aufbringen. Auf diese Weise entstehen nicht nur viele Ideen, die umgesetzt und ausgewertet werden können, sondern auch - sofern die Ausschreibung kontinuierlich wiederholt wird - ein stabiles und größer werdendes Netzwerk von Protagonisten, die sich gegenseitig unterstützen und die lehrbezogene Kommunikation in der Hochschule beeinflussen. Solche Verfahren sind geeignet, Selbstreflexivität und organisationales Lernen zu befördern.

3. Prozessvorgaben, dezentral entstehende Ziele

In dem 3. Quadranten bleiben die Ziele offen, es werden aber Prozesse festgelegt, aus denen sich induktiv Ziele ergeben. Zu diesen Prozessen zählen die erwähnte erste Phase der Zielbildung in der Strategieentwicklung, aber auch institutionelle Evaluationen. An der Universität Duisburg-Essen werden in regelmäßigen Abständen von sechs Jahren Fakultäten und Dienstleistungseinrichtungen evaluiert. Zunächst erstellt die Einheit einen Selbstbericht mit Stärken und Schwächen, der die Grundlage für die Begutachtung durch eine externe Expertengruppe bildet. Diese unternimmt ein bis zwei Vor-Ort-Besuche und legt einen Fremdbericht mit Empfehlungen vor, über die in der Fakultät beraten und abschließend entschieden wird. Wenn sie gut laufen, sind solche

Evaluationen ein Spiegel, in dem sich Organisationseinheiten selbst beobachten und Schlüsse aus ihren Beobachtungen ziehen können. Das Verfahren bleibt in ihrer Hand, sie können daraus lernen und ihre eigene Entwicklung lenken. Wenn sie schlecht laufen, handelt es sich um bürokratische Pflichtübungen, die niemand ernst nimmt.

Das Verfahren gewinnt an Verbindlichkeit, wenn seine Ergebnisse regelmäßig zum Bestandteil der internen Ziel- und Leistungsvereinbarungen zwischen Rektorat und Fakultät und somit der gesamtuniversitären Entwicklungsplanung gemacht werden. Es gehört deshalb zu der Prozesssteuerung durch die Hochschulleitung, auf die Nachhaltigkeit dieses Verfahrens durch die Einrichtung einer Organisationseinheit für Qualitätsmanagement zu achten, die eine Professionalisierung auf diesem Gebiete anstößt.

4. Weder Ziel- noch Prozessvorgaben

Der 4. Quadrant ist durch Evolution auf Seiten der Organisation und Vertrauen auf Seiten der Leitung gekennzeichnet. Hier liegt der Kern des „Sich-führen-Lassens". Führungskräfte unterstützen oder fungieren lediglich als „Katalysatoren", indem von ihnen Prozesse ausgelöst werden, die dann „von alleine" laufen. Der im zweiten Kapitel mit dem Kafka-Zitat vorgestellte Head of Department berichtet: „One of my ‚strategic aims' for the first year was to double the numbers on the full-time MBA. The university needs the money, and the department needs the slush. We succeeded, not because of anything particular that I did, but because of other people's hard work, and my vague support" (Parker 2004: 49).

Gab es in diesem Fall immerhin noch ein Ziel, wenn auch keine gezielten Führungsaktivitäten, gibt es auch komplett sich selbst entwickelnde Prozesse. Sie lassen sich beispielsweise beobachten, wenn Fakultäten oder Institute auch ohne Einbettung in universitätsweite Vereinbarungen von sich aus strategische Entwicklungsprozesse betreiben. Häufig sind es aber Einzelpersonen, die gute Ideen haben, die sie alleine nicht realisieren können, sei es, dass die Ressourcen fehlen, sei es, dass der Widerstand in dem eigenen Umfeld gegen die Veränderung zu stark ist. In der Universität Duisburg-Essen ist der Studienbereich Wirtschaftsingenieurwesen ausschließlich durch Initiativen „von unten" entstanden. Das Rektorat musste lediglich die dafür erforderlichen Umschichtungen von Personal und Sachmitteln zwischen zwei Fakultäten organisieren. Gleiches gilt für ein Projekt, in dem Studierende ihre im bisherigen Studium erworbenen Kompetenzen ehrenamtlich in regionale Projekte einbringen, die durch eine städtische „Agentur Ehrenamt" organisiert werden. Die Studierenden leisten Dienste an der Gemeinschaft („Community Services") und verbessern zugleich ihre fachlichen und sozialen Kompetenzen („Service Learning"). Mittlerweile ist das Projekt innerhalb der UDE als „UniAktiv" verstetigt, und bundesweit hat sich das „Hochschulnetzwerk Bildung durch Verantwortung" konstituiert, in dem viele solcher Initiativen zusammenarbeiten.

Entstanden ist das nur, weil ein Mitglied des Lehrkörpers die Idee hatte und auch bereit war, sie umzusetzen. Das Rektorat musste sie nur aufnehmen und unterstützen.

Fazit

Alle vier Zugänge der Matrix sind begehbar, auch das Hierarchiemodell, und vor allem sind sie miteinander kombinierbar. Nennenswerten Raum für Reflexivität der Organisation eröffnen aber nur das Management-by-objectives-Modell und das Lernmodell der indirekten Steuerung. Das Hierarchiemodell lässt sich indes mit ihnen verbinden, zum Teil stellt es sogar die sachliche und zeitliche Voraussetzung für Prozesse der Selbstorganisation dar. Auch darin kommt die in der Eingangsthese erwähnte „Paradoxie" zum Ausdruck, „dass das Wirksamwerden von Führung eine asymmetrische Beziehungskonstellation braucht", die „im Alltag aber ein Stück weit unsichtbar" (Wimmer 2012 b: 52) gemacht werden muss.

6. Orte für Selbstreflexivität in der Organisation

In den empirischen Untersuchungen von Bieletzki und Kleimann war ein kollegialer oder kollegial-managerialer Führungsstil deutlich geworden, den Kleimann als hybriden Stil bezeichnet und den er mit dem hybriden Charakter der Universität als gemanagte Organisation und kollegiale Institution erklärt. Dieser Gedanke einer „Strukturhomologie“ (Kleimann 2015: 30) zwischen Leitungspraxis der Präsidien und Organisation der Universität entspricht jener Konzeption, in der Führung und Organisation als „zwei Seiten ein und derselben Medaille“ angesehen werden. Nachdem deren Zusammenspiel im vorhergehenden Kapitel aus der Sicht der Führung betrachtet worden ist, wird im Folgenden die Perspektive der Organisation eingenommen und nach den Orten gefragt, an denen Selbstreflexivität als Anknüpfungspunkt für Führungshandeln ermöglicht werden kann.

Diese Orte liegen in den Entscheidungsverfahren. Die Entscheidungen selbst werden in den Selbstverwaltungsgremien getroffen, in denen – auch wenn sie häufig mit Alltagsangelegenheiten befasst sind und unter Zeitdruck stehen – tatsächlich große Debatten stattfinden können. Sie haben ihre eigenen Verfahrensweisen und zunehmend auch Sitzungsleitungen (so in Österreich und Nordrhein-Westfalen), sodass sie selber auf die Qualität der Debatten Einfluss nehmen können. Wichtige und durch die Hochschulleitung gestaltbare Weichenstellungen werden jedoch in den vorauslaufenden und begleitenden Prozessen der Entscheidungs*bildung* vorgenommen. Dort befinden sich die „Räume" oder „Orte", in denen sich problematische Entwicklungen thematisieren lassen und autonome Universitäten ihre Linie zwischen Anpassungsnotwendigkeiten und Identitätsbehauptung entwickeln können. Ihre Ausgestaltung ist eine Frage der (informalen) Organisationskultur.

Im Folgenden werden Beispiele für einzelne Formate vorgestellt. Als Ordnungsrahmen dient das „Four Frame Model" (Bolman, Deal 2017), mit dem sich Hochschulen durch eine bestimmte Brille als Struktur, als Personenverbund, als Ort innerorganisatorischer Politik und als symbolisch geprägte Einrichtung betrachten lassen.

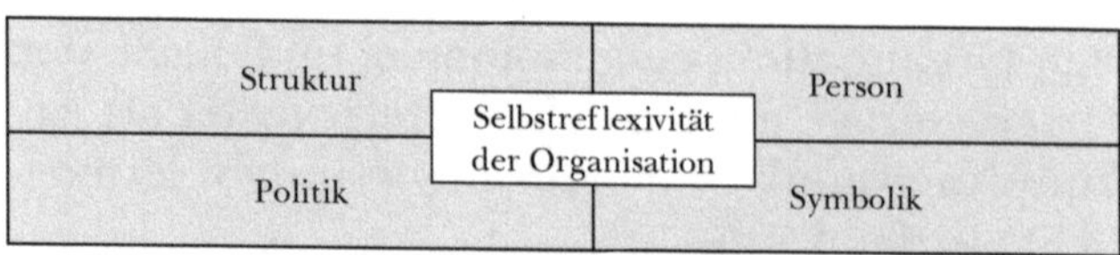

Abb. VIII Four Frame Model nach Bolman, Deal

Die Hochschule als Struktur

Entscheidungsstrukturen errichten einen Ordnungsrahmen für Entscheidungsprozesse und beeinflussen sie dadurch. Die wichtigsten Entscheidungen der Universität werden in einem Zusammenspiel von Leitung und Selbstverwaltungsorgan und von zentraler und dezentraler Ebene mit jeweils feststehenden Zuständigkeiten getroffen. Die Beziehungen sind durch Hochschulgesetze formal vorgegeben, können sich aber im Einzelfall von der Kooperation bis zum dauerhaften Konflikt sehr voreinander unterscheiden (Symanski 2013) und sorgen nicht per se für Selbstreflexion. Sie lassen sich aber durch Informalität erweitern und können auf diese Weise zusätzlichen Raum für Reflexivität eröffnen.

In der Entwicklungsplanung der Universität Graz 2001-2003 wurden - nach der Rollenklärung zwischen Senat als Entscheidungsorgan und Rektorat als Entscheidungsvorbereitungsorgan - im Verlauf des ersten Jahres in drei ganztägigen Großveranstaltungen mit jeweils etwa 100 Teilnehmerinnen und Teilnehmern gemeinsam die strategischen Ziele erarbeitet (Universität Graz 2002: 12-23). In der ersten Veranstaltung ging es darum, Bewusstsein für die Universitätsentwicklung zu schaffen, für die Mitarbeit an dem Prozess zu werben und Anregungen und Ideen der Universitätsangehörigen zu sammeln (das latente Wissen der Universitätsangehörigen in manifestes Wissen der Organisation zu verwandeln). Unter anderem wurden mittels Videoclips externe Sichtweisen auf die Stärken und Schwächen der Universität eingebracht. Studentische Teams hatten dazu Interviews mit Vertretern und Vertreterinnen aus Politik, Wirtschaft und Zivilgesellschaft zu der Frage durchgeführt, welche Erwartungen sie an die Universität richteten und wo sie

Veränderungsnotwendigkeiten sahen. Die Ergebnisse des Tages wurden durch eine Projektgruppe zu 21 Themenfeldern verdichtet, zu denen auf einer zweiten Großveranstaltung SWOT-Analysen durchgeführt und Ziele wie auch Umsetzungsmaßnahmen formuliert wurden. Daran schlossen sich eine erste ausführliche Beratung im Senat und ein Gegenstromverfahren mit Stellungnahmen aus den Fakultäten an. Der so erreichte Stand wurde durch die Projektgruppe erneut zusammengefasst und in einer dritten Großveranstaltung mit dem erweiterten Senat, Dekaninnen und Dekanen sowie weiteren Leistungsträgerinnen und Leistungsträgern aus Forschung und Lehre modifiziert. Dabei wurden auch die Chancen und Risiken der neuen Autonomie diskutiert. Auf dieser Grundlage konnte dann der Senat in einer zweiten Lesung die strategischen Ziele in einem Katalog zusammenfassen.

Formale Entscheidung (Senat)	Informalität (Rektorat und Projektgruppen)
Beschlussfassung über Verfahren und Rollen des Strategieprozesses	Prozesssteuerung der Strategieentwicklung
	Open Space Veranstaltung (1/2 Tag)
	Eintägige Zukunftskonferenz
1. Lesung	
	Gegenstromverfahren mit Fakultäten und Dienstleistungseinrichtungen
2. Lesung	
	Eintägige Strategiekonferenz mit circa 100 Führungskräften
Beschlussfassung	

Abb. IX Zusammenspiel von Formalität und Informalität bei der Strategiebildung

Die Tabelle zeigt das Zusammenspiel zwischen Informalität und Formalität. Beide Seiten ergänzen sich mit der Folge, dass nicht nur die informalen Großveranstaltungen, sondern auch die formalen Entscheidungen von intensiven Erörterungen geprägt waren.

Person

In dem personenorientierten Framing stehen die Humanressourcen der Organisation im Vordergrund, also die Handlungskompetenzen und die Identifikation mit den Aufgaben. Universitäten sind als Expertenorganisationen in besonderer Weise von der Leistungsfähigkeit und -bereitschaft ihrer Mitglieder abhängig, dabei aber widersprüchlichen Anforderungen ausgesetzt. Wissenschaftler und Wissenschaftlerinnen erwarten kreative Freiräume, Studierende und Postdocs überindividuell verlässliche Studienangebote und Karriereperspektiven, und die Verwaltung wiederum erwartet Unterstützung, wenn sie auf die Einhaltung rechtlicher und finanzieller Rahmenbedingungen dringt. Die Zusammenführung dieser divergierenden Erwartungen erfordert bei den Beteiligten Einsicht in die Notwendigkeit der Kooperation und Klarheit über die eigene Rolle.

Im Wesentlichen geht es um das Verhältnis von Profession und Organisation. Nur wenn es gelingt, die professionelle Autonomie der Experten für die korporative Autonomie der Universität fruchtbar zu machen, kommt eine gute Verbindung zustande. Dafür ist das Verhältnis von Wissenschaft und Verwaltung beziehungsweise Management wichtig. Dieses Verhältnis ist aber zugleich auch heikel, weil die Verwaltung zwar *funktional* Dienstleistungen für die Wissenschaft erbringt – sie schafft die administrativen Bedingungen für Forschung und Lehre –, damit aber keine *persönliche* Unterordnung im Verhältnis zu den Wissenschaftlern und Wissenschaftlerinnen verbunden ist. In dem schon erwähnten Hochschulroman *Der Campus* gibt es eine Stelle, an der der Verwaltungsbeamte Dr. Matthes die Frauenbeauftragte Prof. Wagner mit „Ja, aber Frau Kollegin ..." anspricht und sich ein fauchendes „Ich bin nicht Ihre Frau Kollegin" einfängt (Schwanitz 1995: 94, dazu Zechlin 2017 b: 214). Die Frage „wer überhaupt als Kollege zählt" (Kleimann 2016: 245) ist von ähnlicher Sprengkraft wie die Frage *Wem gehört die Universität?* (Zechlin 2021). Entscheidend für den Erfolg der Gesamtorganisation wie auch des Einzelnen ist die kollegiale Kooperation zwischen Wissenschaft und Verwaltung. Ein solches Grundverständnis ist aber erst im Entstehen begriffen.

Auf Seiten der Verwaltung wird die Kooperation dadurch befördert, dass in neu entstehenden Bereichen wie Qualitätsmanagement, Forschungsförderung oder Akademisches Controlling die traditionell juristendominierte Verwaltung („Konditionalprogramme") durch konzeptionell-planerisches Verwaltungshandeln („Zweckprogramme") überlagert wird. Dort entstehen wissenschaftsaffine Arbeitsplätze („Third Space"), an denen eigenes Sachwissen zu dem jeweiligen Bereich gefragt ist. Sie entwickeln sich deshalb mehr und mehr zu attraktiven Beschäftigungsorten für Postdocs, denen die Aussichten auf eine Karriere in der Wissenschaft selbst zu unsicher geworden sind, die aber mit den dort vorherrschenden Denkweisen vertraut und deshalb kooperationsoffen sind. Auf Seiten der Wissenschaftler und Wissenschaftlerinnen können Angebote zur Personalentwicklung wie etwa Coaching, Führungskräfte- und Teamentwicklung zur Kooperation beitragen. Solche Hilfestellungen können auch für beide Seiten gemeinsam angeboten werden, sodass es schon auf diese Weise zu einer direkten Kommunikation kommt. Ein interessantes Beispiel in der Form eines „Expertentalks" zwischen Hochschulforschung und Hochschulverwaltung findet sich bei Scholkmann et al. (2008: 171–189).

Sofern sie nicht eigens durch Workshops und ähnliches geschaffen werden, liegen die Räume für kollegiale Kooperation und darauf bezogene Selbstreflexivität am ehesten in zentralen Einrichtungen für Institutional Research, für Qualitätsmanagement oder in Science-Support-Centern und anderem mehr. Die Gestaltung der mit der engeren Koppelung von Wissenschaft und Verwaltung einhergehenden Veränderungen in der „Ausübung professioneller Rollen in Hochschulen" (Nickel 2012) stellt jedenfalls eine wichtige Bedingung für den Organisationserfolg dar.

Schließlich kann auch auf das Messen und Erheben von Kennzahlen für Drittmittel, Patente, Studienerfolg, Positionen in Rankings und ähnliches als Grundlage für das Vergleichen (im

Zeitverlauf und im Quervergleich mit ähnlichen Einrichtungen) nicht verzichtet werden. Zahlen sprechen aber nicht für sich, sie sind Anlass für Diskussionen, und das Vergleichen ist keine Rechenaufgabe, sondern ein diskursiver Prozess, in dem Ergebnisse erst zu *entwickeln* sind (Krull 2017). Er sollte vom Management durch die Aufbereitung der Daten und die Formulierung relevanter Fragen an die untersuchte Einheit (Fakultät, Institut) eingeleitet werden, damit deren Mitglieder sich zunächst untereinander, also auf einer horizontalen Ebene, mit diesen auseinandersetzen, bevor auf dieser Basis ein vertikaler Dialog mit der Hochschulleitung erfolgt. Von der Reduzierung auf seine technokratischen Elemente befreit, wird Qualitätsmanagement „zu einem Irritations- und Reflexionsmodus, mit dessen Hilfe die Organisation ihr Wissen über die eigene Organisation erweitert und organisationale Lernprozesse anstoßen kann" (Merchel 2017: 368).

Politik

Bei der Betrachtung der Hochschule als politische Organisation steht nicht die Funktionslogik von Forschung oder Studium und Lehre, sondern der Aspekt der Macht im Vordergrund. Dabei lassen sich drei Ebenen unterscheiden (Neuberger 2002: 685): Politik *für* die Organisation (die Makroebene der staatlichen Hochschul- und Wissenschaftspolitik), Politik *der* Organisation (die Mesoebene mit der Strategie oder Policy der Hochschule) und Politik *in der* Organisation (die Politics, das alltägliche mikropolitische Geschehen zwischen den Akteuren innerhalb und außerhalb der Gremien).

Trotz aller Autonomie sind die Hochschulen weiterhin in hohem Maße von der „großen" Politik auf der Makroebene der Gesellschaft abhängig. Dirk Baecker zufolge ist „der Streit um die Autonomie der Universität nach wie vor nichts anderes [...] als der Streit um die Art und Weise, wie die Politik in der Universität welche Art von Macht ausübt" (Baecker 2011 b: 192). Bogumil et al. kommen in ihrer empirischen Untersuchung zu dem Schluss, dass es sich bei der Politik der Autonomisierung nicht um einen „Funktionsverlust", sondern einen „Formwandel des Staates" handelt, der mit Zielvereinbarungen und leistungsorientierter Mittelverteilung über „neue Einflussmöglichkeiten [verfügt], die den Rückzug des direkten ministerialen Eingriffs kompensieren" (Bogumil, Burgi et al. 2013: 66). In dieser Konstellation kommt der Hochschulleitung eine wichtige Rolle als „Übersetzerin" zwischen Ministerien und Hochschulen zu. Der Hochschulforscher Uwe Schimank spricht aufgrund der Beobachtungen aus seiner Zeit als Prorektor einer Universität von einem „double talk" der Hochschulleitungen, den er „mit den drei Schritten Bestätigung – Überleitung – Mahnung" kennzeichnet (Schimank 2017: 50).

Am interessantesten ist die Politik *in der* Hochschule. Hochschulen sind mit den Wahlen zu Selbstverwaltungsorganen, den dabei kandidierenden Listen und Koalitionen, Absprachen bei Entscheidungen („Nichtangriffspakten“, Schimank 2001), der Mobilisierbarkeit externer Unterstützung für eigene Interessen und anderem mehr Musterbeispiele für eine politische Organisation. Es geht um das schon erwähnte „Wabuwabu in der Universität“, um „scharfe Praktiken im Rahmen und unter Ausnutzung fortbestehender institutioneller Bindungen“ (Luhmann 1975/1992), um einen Zustand also, der in einem Großteil der bereits angesprochenen Campusromane (viertes Kapitel) lustvoll satirisch ausgebreitet wird. Dabei stehen nicht, wie bei dem personellen Frame, das Individuum, und auch nicht, wie bei dem strukturellen Frame, die formale Organisation, sondern die Interaktion der Akteure im Vordergrund, die mit ihren ermöglichenden und blockierenden Folgen für weiteres Handeln ein informal strukturiertes Handlungsfeld erzeugen. Da die formalen Strukturen das Handeln niemals vollständig determinieren, bleiben stets „Zonen der Ungewissheit“ offen, die zu beherrschen Einfluss und Macht in der Organisation verspricht. Nicht die formale Positionsmacht der Leitung kommt hier zum Einsatz, vielmehr sind es informale Machtressourcen wie Expertenwissen, Umweltkontakte oder Kontrolle über Informationen als „Gegenmacht“ (Neuberger 2002: 729). „Diese Machtstruktur, die die formalen Vorschriften ergänzt, berichtigt, ja sogar beseitigt, stellt im Grunde das wirkliche Organigramm der Organisation dar. Die Strategien aller Akteure bilden sich letztlich in Bezug auf sie und richten sich an ihr aus“ (Crozier, Friedberg 1993: 55).

Wie bei dem „Double talk“ gehört auch auf diesem Feld die Hochschulleitung zu den Akteuren. Sie sorgt für die Verbindung zwischen Person und Organisation und wird dadurch „zum Lückenbüßer der Organisation“ (Neuberger 2002: 442, 444 unter Verweis auf Türk und Luhmann). Es wäre naiv zu glauben, sie könnte sich dabei auf ihre Positionsmacht beschränken, aber es wäre katastrophal, wenn sie nur als Partei in einem Spiel wahrgenommen würde. Das hat schon Machiavelli erkannt, der den Übergang von einer normativ-religiösen zu einer empirisch-realistischen Politikwissenschaft markiert und dessen Buch *Der Fürst* in die Liste der „Besten Managementbücher“ aufgenommen worden ist (Handelsblatt 2005). Ihm zufolge muss „Ein Herrscher [...] nicht alle Tugenden besitzen, ‚doch muss er sich den Anschein geben, als ob er sie besäße‘, denn das sichert seine Macht“ (zitiert nach Schwaabe 2007: 115). Eine interessante These, die bestimmt mit Gewinn auch zum Gegenstand der Selbstreflexivität von Hochschulleitungen gemacht werden könnte.

Ersichtlich handelt es sich um ein hartes Pflaster für organisationale Selbstreflexivität, denn bei Mikropolitik geht es um individuelle (und nicht wie bei der Organisation um kollektive) Rationalität. Ein Zugang dazu lässt sich nicht in den Auseinandersetzungen selbst, sondern am ehesten durch einen distanzierten Blick von außen finden. Die Erarbeitung des „Kodex Wissenschaftsfreiheit“ in der Universität Hamburg ist ein Beispiel dafür. Ausgelöst wurde sie durch den „Fall Lucke“. Der ehemalige AFD Politiker und Professor für

Volkswirtschaftslehre hatte diese Partei verlassen und wollte im Herbst 2019 seine Vorlesungen wieder aufnehmen, was ihm aber anfänglich durch massive studentische Störungen unmöglich gemacht wurde. Auch an anderen Universitäten gab es immer wieder ähnliche Versuche, Veranstaltungen unliebsamer Vortragender zu verhindern. Wie sich aus einer Umfrage ergibt, sehen sich vierzig Prozent der befragten Wissenschaftler und Wissenschaftlerinnen „in ihrer Lehre durch formelle oder informelle Vorgaben zur Political Correctness stark oder etwas eingeschränkt" (DHV 2021). Die Frage ist, wie in solchen und ähnlichen Fällen verfahren werden soll.

In dem Fall Lucke hatte sich der Präsident geweigert, als Inhaber des Hausrechts die Polizei zu rufen. „Hochschulleitungen sind Wissenschaftler und keine Polizisten. [...] Das nennt man funktionale Differenzierung. [...] Sie haben es satt, sich anzuhören, sie sollten bewaffnete Kräfte ordern" (Lenzen 2019). Dem liegt jedoch eine Verwechslung von Wissenschaft und Wissenschaftsmanagement zugrunde. Hochschulleitungen agieren nicht selbst als Wissenschaftler und Wissenschaftlerinnen. Sie haben aber als Inhaber des Hausrechts eine Schutzverantwortung für die Wissenschaftsfreiheit, auf die man sich verlassen können sollte. Umgekehrt können aber auch die Hochschulangehörigen selbst die Erhaltung des Freiraums in „Form von selbstverständlicher Solidarität" (Trute 2022) als ihre gemeinsame Aufgabe ansehen. Vom Oktober 2019 bis zum Mai 2021 erarbeitete deshalb eine vierzehnköpfige Kommission in elf Kernthesen einen „Kodex Wissenschaftsfreiheit", der Teil des Leitbildes wurde. Ihr Leiter, der Rechtswissenschaftler Hans-Heinrich Trute, sagt zu dem Prozess:

> Die Grenzziehung kann letztlich nur durch Selbstreflexion der Wissenschaftler:innen erfolgen und nicht durch von außen aufgeprägte Normen. [...] Kollegen aus Philosophie und Medizin haben zusammengearbeitet, aus Theologie und Erziehungswissenschaft, dazu Vertreter der Studierendenschaft, des akademischen Mittelbaus und der Verwaltung. Das war ein sehr spannender, in Teilen durchaus auch streitiger Diskussions- und wechselseitiger Lernprozess (Schönherr 2022).

Mikropolitik ist „unausweichlich und unverzichtbar", sie sollte „nicht reduziert [werden] auf illegale opportunistische Machenschaften" (Neuberger 2002: 728). Einhegen und für Selbstreflexivität nutzen lässt sie sich nur auf einer Metaebene, wie an dem „Kodex Wissenschaftsfreiheit" der Universität Hamburg deutlich geworden ist. Im Übrigen sollte man sie ernst nehmen, wie in dem Luhmann-Zitat vor dem dritten Kapitel vorgeschlagen mit ihr auskommen und sie - in gewissen Grenzen - auch mit ihren eigenen Mitteln austricksen.

Symbolik

Kaum eine Institution ist so stark durch Symbolik gekennzeichnet wie die Universität. Ob es sich um besondere Anlässe wie die feierliche Verabschiedung und die Inauguration der Rektorinnen und

Rektoren, die Aufnahme und Verabschiedung ihrer Studenten und Studentinnen, Sponsionsfeiern (in Österreich in besonderen Fällen „sub auspiciis praesidentis“) und die Verleihung von Ehrenwürden oder um besondere Formen handelt wie Talare, Zepter, Anreden oder Urkunden: Die Universität feiert sich und ihre Werte in solchen Formen selbst und stellt aus ihrer jahrhundertelangen Tradition heraus Selbstsicherheit und Zuversicht auch für die Zukunft zur Schau. Das ist ein interessantes, allerdings auch höchst ambivalentes Feld für Selbstreflexion, denn wenn diese Tradition nicht tatsächlich „verlebendigt“ und für die heutige Zeit „griffig“ gemacht wird, erstarrt sie zu „leerlaufender Symbolik ohne Realitätsbezug“ (Thomas Meyer, zitiert nach Neuberger 2002: 676). Sie riskiert dann, wie bei der Rektoratsübergabe der Universität Hamburg 1967 durch das Transparent „Unter den Talaren Muff von tausend Jahren“, spektakulär demaskiert und lächerlich gemacht zu werden.

Das Wort Symbol leitet sich von dem griechischen Verbum *symbállein* ab, das zusammenwerfen, vereinigen bedeutet. Das *sýmbolon* war ein Erkennungszeichen, mit dem zwei Vertragsparteien ihre Identität bei der Anlieferung von Waren feststellen konnten, die über eine größere Entfernung hinweg bestellt worden waren. Dazu wurde ein Gegenstand, z.B. ein Tonmedaillon, bei dem Vertragsschluss in zwei Teile zerbrochen und ausgetauscht. Bei der Anlieferung wurde dann überprüft, ob die beiden Teile zusammenpassen, und auf diese Weise die Legitimität der Partner festgestellt (Neuberger 2022: 645 f., Bardmann 1994: 22 FN 17, 411). Ein Symbol steht also nicht für sich selbst, etwa die Schönheit der wieder zusammengesetzten Tonscherbe, sondern es verweist auf etwas außerhalb seiner selbst Stehendes, in diesem Fall die „Richtigkeit" der Vertragsabwicklung. In ihm vergegenständlicht sich ein Sinngehalt, es ist ein „Sinn-Bild" (Neuberger 2002: 648) mit einer doppelten, nämlich einer *sinnbindenden* (symbolisierten) und einer *sinnbildenden* (symbolisierenden) Funktion (ebenda: 644). Nur wenn die Einheit, die sich in ihm als sinnbindender Form vergegenständlicht und verfestigt, immer wieder sinnbildend aktualisiert und neu hergestellt wird, entfaltet es seine Wirkung. Die Verfestigung *zu* einem Sinnbild steht in einem ständigen Austausch mit der laufenden Verflüssigung des Geschehens *durch* das Sinnbild. Neuberger (ebenda: 668) spricht von einem „Kreisprozess", es handelt sich um einen ähnliche Gedanken wie bei dem Dreischritt „Unfreeze - Change - Refreeze", mit dem Lewin (siehe oben zweites Kapitel) die Möglichkeiten zu Veränderungen in Organisationen eingegrenzt hat.

Bardmann (ebenda: 23) bezeichnet die sinnbildende „andere Seite" als die „diabolische" Seite der Organisation, auf der die symbolisierte Einheit immer zugleich infrage gestellt wird. Beide Seiten gehören zusammen: Der Teufel des Alten Testaments verkörpert „eine die Gegensätze von Gut und Böse *umfassende* Einheit" (ebenda: 11). Der Engel Luzifer, der gegen Gott rebelliert hatte und von ihm deshalb aus dem Himmel verbannt wurde, ist ein „Lichtbringer". Der Geist, der stets verneint, hat also eine durchaus erhellende Funktion, auch wenn er nicht zu der Sorte von Kritikern gehört, „die zwar die Zerrissenheit der Organisation als reale Gegebenheit aufdecken wollen, aber gleichzeitig vorgeben, selbst eine vereinheitlichende Alternative anbieten zu können" (ebenda: 23 FN 18). Der Teufel eint nicht, sondern markiert Unterschiede und kann dadurch - wenn auch mittelbar - gleichwohl zur Einheit beitragen. Diabolik sichert die Vitalität der Symbolik, und das kann sie nur, weil nicht sicher ist, dass die Bewegung sich wieder zu einer stabilen Form verfestigt, sondern die Sache auch schieflaufen oder jedenfalls mit erheblichen Umwegen verbunden sein kann. Ernst gemeint ist Symbolik eben riskant!

Schaut man auf die Praxis symbolischen Handelns in Hochschulen, stößt man allerdings überwiegend auf leerlaufende Rituale. Was nicht so bleiben muss. Denn eigentlich wären symbolische Orte, an denen eine Hochschule sich selbst feiert, erstklassige Gelegenheiten, ihr „Selbst" zu thematisieren. Was eine Universität ist und wohin sie sich entwickeln soll, ist in der Regel unklar oder - schon besser - umstritten. Es gibt viele Positionen innerhalb und außerhalb der Hochschulen dazu, sodass es nicht schwer wäre, diesen in Rektoratsreden, auf Festveranstaltungen oder auch bei besonders dazu geschaffenen Gelegenheiten ein Forum zu bieten. Das Ganze bekommt allerdings nur tatsächlich „Biss", wenn Kontroversen ernst genommen und nicht gleich wieder glattgebügelt werden müssen. Wenn man die Unterschiede herausarbeitet und zuspitzt, statt ständig die Einheit und Tradition zu beschwören, wird die *Symbolik dia*bolisch herausgefordert, und über einen solchen Prozess der Verflüssigung wird sich die Identität der Hochschule schärfen und auch wieder verfestigen. Ein wenig Widerspenstigkeit *in der Hochschule* gegen den durch die Leitung gemanagten „Normalzustand", aber auch *der Hochschule* gegenüber den Anforderungen aus Politik, Wirtschaft und Gesellschaft kann zu einem Treiber in diesem Kreislauf von Verflüssigung und Verfestigung werden und zu der Entwicklung des Selbst beitragen.

Gelingt es, symbolische Orte zum Ausganspunkt eines solchen *Sensemaking* zu machen, kann in der Hochschule eine aufklärerische Öffentlichkeit entstehen. Sie ist wichtig, wie man an der politischen Öffentlichkeit der Gesellschaft und einer freien Presse sehen kann, ist aber der Gremienuniversität mit ihren formalen Entscheidungsstrukturen weitgehend abhandengekommen. In dieser kann das implizite Wissen, das in den Köpfen vieler Hochschulangehöriger vorhanden und bestenfalls nach dem Motto „Schön, dass wir einmal darüber geredet haben" folgenlos in der Cafeteria oder bei anderer Gelegenheit erörtert wird, explizit gemacht und dadurch für die Organisation wirksam werden. Zudem wird dieses implizite Wissen durch den Austausch der Argumente in der Öffentlichkeit stärker in Frage gestellt und geschärft. Kant zufolge, auf den diese Überlegung zurückgeht, ist es zwar „für jeden einzelnen Menschen schwer, sich aus der ihm beinahe zur Natur gewordenen Unmündigkeit herauszuarbeiten [...]Dass aber ein Publikum sich selbst aufklärt, ist eher möglich; ja es ist, wenn man ihm nur die Freiheit lässt, beinahe unausbleiblich!" (Kant 1999/1784: 21). Mit seinem aufklärerischen Optimismus beruhigt er auch die „Regierung", dass durch solche Freiheit „für die öffentliche Ruhe und Einigkeit des gemeinen Wesens nicht das mindeste zu besorgen sei. Die Menschen arbeiten sich von selbst [sic!] nach und nach aus der Rohigkeit heraus, wenn man nur nicht absichtlich künstelt, um sie darin zu erhalten" (ebenda: 26). Ein Beitrag zu der Entstehung eines solchen „Publikums", der ohne allzu großen Aufwand bewerkstelligt werden kann, besteht in einer lebendigen Hochschulpresse, die sich als Forum kritischer Diskussionen versteht. Symbolik wäre damit aktiv gewendet, sie würde zu einem *symbolisierenden* Zeichen dafür, dass kritische Selbstreflexivität erwünscht ist. Um ein Wortspiel von Herfried Münkler (2021) aufzunehmen: Eine solche Hochschulpresse wäre nicht nur Gedenkort der Hochschule, sondern auch Denkort der Hochschulmitglieder.

Resümee

Die grundlegende Spannung der heutigen Universität besteht zwischen ihrem traditionellen Charakter als pluraler, lose gekoppelter *Institution*, der ihre Produktivität ausmacht und deshalb nicht durch Führung und Management eingeebnet werden darf, und den wachsenden Anforderungen vor allem aus Politik und Wirtschaft, die sie nur als zweckorientierte und planmäßig gestaltete *Organisation* beantworten kann. Beide Seiten müssen zusammengebracht werden, wenn die Autonomie der Universität aufrechterhalten und ihre Responsivität gegenüber der Umwelt wirksam sein soll. Darin liegt die Aufgabe von Führung und Management. Horst Kern, als Sozialwissenschaftler und ehemaliger Universitätspräsident auf beiden Seiten erfahren, hat sie als „Paradoxie" bezeichnet und mit der Frage ausgedrückt: „Wie können Autonomie und Kontrolle so gegeneinander ausbalanciert werden, dass erstere (die Autonomie) letztere (die Kontrolle) nicht unterläuft und dass letztere nicht erstere erstickt?" (Kern 2000: 35)

Kerns Antwort lag in der „rückgekoppelten Autonomie". In diesem Buch ist sie mit dem Bild von Führung und Organisation als den „zwei

Seiten ein und derselben Medaille" (Wimmer 2012 b: 47 f.) gekennzeichnet worden, die durch eine doppelte Selbstreflexivität in eine wechselseitige Verbindung gebracht werden können: Die *Universität* benötigt Räume für Selbstreflexivität, in denen sie ihre Autonomie in verantwortbarer Weise wahrnehmen und Antworten entwickeln kann. Sie agiert dabei im Schnittfeld widerstreitender gesellschaftlicher Logiken als „hybride Organisation". *Führungskräfte* ermöglichen diese Antwortfähigkeit durch die Gestaltung von Strukturen und Prozessen in der Organisation. Das erfordert auch auf ihrer Seite ein „hybrides Management", nämlich eine Mischung von Geschick und Verlässlichkeit, die sie zu einem spielerischen und dennoch zielstrebigen Umgang mit den widerstreitenden Logiken befähigen. Sie begeben sich damit auf eine „Entdeckungsreise" (Cohen/March 1986) oder eine „Safari" durch die „Wildnis des Managements" (Mintzberg 2002), für die sie möglicherweise ein „Dschungelbuch" (Seliger 2020), jedenfalls aber einen Kompass benötigen. Er soll sie durch das Feld der Organisationswissenschaften führen, denn dort – und nicht in der Nachahmung wechselnder Managementmoden – liegt für sie jener Raum für Selbstreflexivität, der ihnen bei ihrer Selbstverortung hilft.

Das Buch soll Lust auf den Antritt der Reise machen und erste Orientierungen in der Theorie wie auch in der Praxis liefern. Es soll auch zu weiteren Erkundungen in Fort- und Weiterbildungsveranstaltungen anregen, die nicht primär

Trainings, sondern Reflexionsmöglichkeiten im Spiegel von Theorie bieten. Der Autor hofft, mit seinen Impulsen zu der Weiterentwicklung einer selbstreflexiven Universität beizutragen.

Annotierte Literatur

Zu Beginn des Buches ist der Wechsel aus der Wissenschaft in die Hochschulleitung mit der Verwandlung von Gregor Samsa in einen Käfer verglichen worden. Um diese Verwandlung reflexiv gestalten zu können, so die These, bedarf es neben dem Austausch praktischer Erfahrungen einer Beschäftigung mit Organisationswissenschaft. Die sollte tunlichst in einer Weise erfolgen, die inspirierend ist, Spaß macht und zum weiteren Lesen anregt. Im Folgenden beschreibe ich deshalb einige Bücher, die für mich subjektiv als Einstieg in die Theorie bedeutsam waren, und benenne eine kleine Auswahl (insgesamt wären weit mehr zu nennen!) von Werken, die ich darüber hinaus für empfehlenswert halte.

Einstieg

MINTZBERG, Henry, B. AHLSTRAND, J. LAMPEL (2002), Strategie Safari. Eine Reise durch die Wildnis des strategischen Managements, 3. Aufl., Wien, Frankfurt: Ueberreuter

Auch wenn die staatliche Hochschulsteuerung über Wettbewerbe und Anreizsysteme allgegenwärtig ist: Eine autonome Hochschule verantwortet ihre strategische Entwicklung selbst! Das Buch stellt auf einer empirischen Basis eine Fülle sehr unterschiedlicher Strategieansätze dar und befreit damit von dem Zwang der sogenannten „best practice" und ihrer Managementmoden. Es regt die Phantasie wissenschaftlich interessierter Praktikerinnen und Praktiker an und macht Mut zu eigenem Denken und Handeln, ganz im Sinne der bekannten Aufforderung Mintzbergs, „Managers, not MBAs" heranzubilden. Und wer das Glück hat, noch die erste Auflage von 1999 zu ergattern, erhält auch ein ästhetisch ansprechendes Buch, das in Samt gebunden ist.

MORGAN, Gareth (2008), Bilder der Organisation, 4. Aufl., Stuttgart; Klett-Cotta

Es ist sehr interessant, sich über die Bilder aufzuklären, die wir uns von Organisationen machen und die unser Handeln beeinflussen. Sei es, dass wir Organisationen als reibungslos funktionierende *Maschinen* ansehen, als evolutionäre *Organismen*, als *psychische Gefängnisse* mit kollektiven Denkweisen, denen man nur schwer entrinnen kann, als *politische Systeme*, in denen es um Macht, Konflikte und Interessenausgleich geht, oder dass wir die Organisation als *Gehirn* auffassen, in dem eigenes Denken doch eigentlich gefördert werden müsste: Das Buch beschreibt diese und weitere Sichtweisen in sehr anschaulicher Weise und macht klar, dass in jeder von ihnen „wahre" Aspekte enthalten sind und wir uns deshalb ein eigenes Bild (bewusst) machen müssen.

NEUBERGER, Oswald (2002), Führen und führen lassen, 6., völlig neu bearbeitete und erweiterte Auflage, Stuttgart: Lucius und Lucius

Es gibt eine Reihe sehr guter und informativer Lehrbücher zu dem Thema Führung, die naturgemäß auch sehr umfangreich sind. Wenn Sie sich wirklich auf eines einlassen wollen, dann auf das Buch von Neuberger, das zuletzt in der 5. Aufl. 2002 von ihm selbst bearbeitet worden ist. Es ist, bei aller fachlichen Gründlichkeit und Tiefe, äußerst fantasievoll geschrieben und vermittelt viele Ideen und Anregungen, auch aus anderen Gebieten als dem engeren Bereich der Organisationspsychologie. Damit kann sich beim Lesen genau die Art von Denken und Lernen herausbilden, die in dem Buch als spielerischer Umgang („Playfulness") mit den Führungsaufgaben angesprochen wird.

SELIGER, Ruth (2020), Das Dschungelbuch der Führung. Ein Navigationssystem für Führungskräfte, 8. Auflage, Heidelberg: Carl-Auer

Während meiner Zeit in Österreich habe ich an einem viertägigen „Systemischen Intensivseminar" zu Fragen der Organisationsentwicklung teilgenommen, das meine Affinität zur Systemtheorie befördert hat. Es war von Ruth Seliger geleitet worden, die die wesentlichen Bestandteile des Seminars in ihrem Buch zusammengefasst hat. Es strahlt dieselbe Lebendigkeit aus, die mich schon damals so eingenommen hatte.

Weitere Literatur

BOOCKMANN, Hartmut (1999), Wissen und Widerstand. Geschichte der deutschen Universität. Mit einem Nachwort von Wolf Jobst Siedler, Berlin: Siedler

HANFT, Anke (2008), Bildungs- und Wissenschaftsmanagement, 2. Aufl., München: Franz Vahlen

HALLER, Reinhold (2021), Führung in Wissenschaft und Forschung. Grundlagen, Instrumente, Fallbeispiele, 3., aktualisierte und erweiterte Auflage, Berlin: Berliner Wissenschafts-Verlag

HÜTHER, Otto (2010), Von der Kollegialität zur Hierarchie? Eine Analyse des New Managerialism in den Landeshochschulgesetzen, Wiesbaden: Springer VS

HÜTHER, Otto, G. KRÜCKEN (2016), Hochschulen. Fragestellungen, Ergebnisse und Perspektiven der sozialwissenschaftlichen Hochschulforschung, Wiesbaden: Springer VS

KAHL, Wolfgang (2004), Hochschule und Staat. Entwicklungsgeschichtliche Betrachtung eines schwierigen Rechtsverhältnisses unter besonderer Berücksichtigung von Aufsichtsfragen, Tübingen: Mohr Siebeck

KÜHL, Stefan (2020), Organisationen. Eine sehr kurze Einführung, 2., überarbeitete und erweiterte Auflage, Wiesbaden: Springer VS

WERTH, Lioba, STEIDLE, Anna (2021), Personal in Hochschule und Wissenschaft professionell führen. Bonn: Deutscher Hochschulverband (DHV)

Weitere Hinweise

RAMIREZ et al. (2021: 59–70) benennen auf der Grundlage einer Umfrage innerhalb der Hochschulforschung 21 deutschsprachige Publikationen sowie Zeitschriften, die dort am meisten Beachtung finden.

WIHO Wissenschafts- und Hochschulforschung ist ein Portal des Bundesministeriums für Bildung und Forschung, auf dem sich auch Lektüreempfehlungen zu lesenswerter Literatur finden (https://www.wihoforschung.de/wihoforschung/de/publikationen/lesenswert_/lesenswert__node.html).

Literatur

ABELS, Heinz (2009), Einführung in die Soziologie, Band 1: Der Blick auf die Gesellschaft, Band 2: Die Individuen in ihrer Gesellschaft, Wiesbaden: Springer VS

ALEWELL, Karl (1993), Autonomie mit Augenmaß - Vorschläge für eine Stärkung der Eigenverantwortung der Universitäten, Göttingen: Vandenhoeck & Ruprecht

ALTRICHTER, Herbert, W. AICHNER et al. (2013), PraktikerInnen als ForscherInnen. Forschung und Entwicklung durch Aktionsforschung, in: B. FRIEBERTSHÄUSER, A. LANGER et al. (Hg.), Handbuch Qualitative Forschungsmethoden in der Erziehungswissenschaft, Weinheim, Basel: Beltz Juventa, 803-818

ALTRICHTER, Herbert, P. POSCH, H. SPANN (2018), Lehrerinnen und Lehrer erforschen ihren Unterricht, Bad Heilbrunn: Julius Klinkhardt

AMARAL, Alberto (2008), Transforming Higher Education, in: Alberto AMARAL, I. BLEIKLIE & Ch. MUSSELIN, From Governance to Identity. A Festschrift for Mary Henkel, Springer Science + Business Media B. V., 81-94

APELT, Maja, Veronika TACKE (Hg.) (2012), Handbuch Organisationstypen, Heidelberg: Springer VS

ARGYRIS, Chris, D. A. SCHÖN (2002), Die Lernende Organisation. Grundlagen, Methode, Praxis, 2. Aufl., Stuttgart: Klett-Cotta

AUFERKORTE-MICHAELIS, Nicole (2008), Innerinstitutionelle Hochschulforschung - Balanceakt zwischen nutzenorientierter Forschung und reflektierter Praxis, in: K. ZIMMERMANN, M. KAMPHANS, S. METZ-GÖCKEL (Hg.), Perspektiven der Hochschulforschung, Wiesbaden: Springer VS, 86-96

BAECKER, Dirk (2011 a), Vorwort. In: Organisation und Störung, Berlin: Suhrkamp

BAECKER, Dirk (2011 b), Das Personal der Universität. In: Organisation und Störung, Berlin: Suhrkamp

BAECKER, Dirk (2017): Agilität in der Hochschule. In: die hochschule. journal für wissenschaft und bildung (1), 19–28

BARDMANN, Theodor (1994), Wenn aus Arbeit Abfall wird. Aufbau und Abbau organisatorischer Realitäten, Frankfurt am Main: Suhrkamp

BECKER, Fred G. (2022), „Moderne" Personalführung ... an sich und an Hochschulen. In: Personal- und Organisationsentwicklung (1+2), 3–14

BECKER, Helmuth, Alexander KLUGE (1961), Kulturpolitik und Ausgabenkontrolle, Frankfurt am Main: Klostermann

BERNDT, Constanze, Th. HÄCKER, T. LEONHARD (2017), Reflexive Lehrerbildung revisited. Traditionen – Zugänge – Perspektiven, Bad Heilbrunn: Klinkhardt

BERTHOLD, Christian (2011), „Als ob es einen Sinn machen würde..." Strategisches Management an Hochschulen, CHE Arbeitspapier Nr. 140, Gütersloh: Centrum für Hochschulentwicklung

BESIO, Cristina (2012), Forschungsorganisationen, in: M. APELT, V. TACKE (Hg.), Handbuch Organisationstypen, 253–273

BEYER, Jürgen (2015), PFEFFER, Jeffrey, SALANCIK, Gerald R. (1978): The external control of organizations. A Resource Dependence Perspective, New York. Harper & Row, in: Stefan KÜHL (Hg.), Schlüsselwerke der Organisationsforschung, Wiesbaden: Springer VS, 553–557

BIELETZKI, Nadja (2012), ‚Möglichst keine Konflikte in der Universität' – Qualitative Studie zu Reformprojekten aus der Sicht von Universitätspräsidenten, in: U. WILKESMANN, Ch. J. SCHMID (Hg.), 155–164

BIELETZKI, Nadja (2017), Die Macht der Kollegialität. Eine qualitative Analyse der Führung von Universitätspräsidentinnen und -präsidenten in Deutschland, in: Beiträge zur Hochschulforschung, 39 Jg. (3–4), 176–179

BIELETZKI, Nadja (2018), The Power of Collegiality. A Qualitative Analysis of University Presidents' Leadership, Wiesbaden: Springer VS (Diss. Leibniz Universität Hannover 2015)

BLEICHER, Knut (2004), Das Konzept Integriertes Management. Visionen – Missionen – Programme, 7. Aufl., Frankfurt/New York: Campus

BMBF (2021), Bundesministerium für Bildung und Forschung, WI-HO Wissenschafts- und Hochschulforschung, Wissenstransfer, https://www.wihoforschung.de/de/wissenstransfer-3678.php (abgerufen am 20.09.2021)

BOGUMIL, Jörg, M. BURGI et al., (2013): Zwischen Selbstverwaltungs- und Management-Modell: Umsetzungsstand und Bewertungen der neuen Steuerungsinstrumente in deutschen Universitätsinstrumente. In: GRANDE, E. et al. (Hg.): Neue Governance der Wissenschaft: Reorganisation – externe Anforderungen – Medialisierung, Bielefeld: transcript, 49–71

BOLMAN, Lee G., T. E. DEAL (2017), Reframing Organizations. Artistry, Choice, and Leadership, 6. Aufl., San Francisco: Jossey-Bass

BORGGRÄFE, Michael (2019), Wandel und Reform deutscher Universitätsverwaltungen. Eine Organigrammanalyse, Wiesbaden: Springer VS

BRÖCKLING, Ulrich (2002), Jeder könnte, aber nicht alle können. Konturen des unternehmerischen Selbst, in: Mittelweg, 36 Jg. (4), 6–26

BRÖCKLING, Ulrich (2007), Das unternehmerische Selbst. Soziologie einer Subjektivierungsform, Frankfurt: Suhrkamp

BRUNSSON, Nils (2003): The organization of hypocrisy: talk, decisions and actions in organizations, 2. Aufl., Kopenhagen: Business School Press

BRUNSSON, Nils, Kerstin SAHLIN-ANDERSSON (2000), Constructing Organizations: The Example of Public Sector Reform, in: Organization Studies, 21, 721–746

BURKERT, Günther R. (2021), Die vernetzte Universität. Von der Kritik der Ökonomisierung zur Neuausrichtung auf die Gesellschaft, Wien: Passagen

BUSSE, Stefan (2020), Hybride Organisationen führen – das Beispiel Hochschule, in: Organisationsberatung, Supervision, Coaching 27, 347–364, https://doi.org/10.1007/s11613-020-00664-6

CARSTENSEN, Doris (2004), Lernen in Veränderungsprozessen. Organisationales Lernen und defensive Routinen an Universitäten. In: die hochschule. journal für wissenschaft und bildung, 13. Jg. (1), 49-62

CLARK, Burton R. (1983), The Higher Education System. Academic Organization in Cross-National Perspective, Berkeley, Los Angeles, London: University of California Press

CLARK, Burton R. (1998), Creating Entrepreneurial Universities. Organizational Pathway of Transformation, Oxford: Pergamon

COHEN, Michael D., James G. MARCH (1986), Leadership and Ambiguity - The American College President, 2nd Edition, Boston: Harvard Business School Press

COHEN, Michael D., James G. MARCH, Johan P. OLSEN (1972), A Garbage Can Model of Organizational Choice, in: Administrative Science Quarterly, 17 Jg. (1), 1-25

CROZIER, Michel, FRIEDBERG, Erhard (1993), Die Zwänge kollektiven Handelns. Über Macht und Organisation, Frankfurt/Main: Adolf Hain

DFG Deutsche Forschungsgemeinschaft (2013), Universitätspräsidenten als "institutional entrepreneurs" - Bedingungen und Praktiken institutioneller Führung an deutschen Universitäten, https://gepris.dfg.de/gepris/projekt/141825114/ergebnisse (abgerufen am 23.12.2021)

DHV Deutscher Hochschulverband (2021), Wissenschaftsfreiheit. Wissenschaftler sehen Political Correctness kritisch, https://www.forschung-und-lehre.de/zeitfragen/wissenschaftler-meiden-umstrittene-themen-4192 (abgerufen am 06.02.2023)

FLINK, Tim, Dagmar SIMON (2015), Responsivität beim Organisieren von Wissenschaft, in: H. MATTHIES, D. SIMON, M. TORKA, Responsivität der Wissenschaft, Bielefeld: transcript, 97-131

FORUM HOCHSCHULRÄTE (2017), Wissenschaftsfreiheit durch Checks und Balances. Positionspapier des Forums Hochschulräte vom September 2017, https://forum-hochschulraete.de/debatten/positionspapier-2017 (abgerufen am 22.03.2022)

FOUCAULT, Michel (1993), Technologien des Selbst, in: Michel Foucault et al.: Technologien des Selbst, hg. v. Luther H. Martin, Huck Gutman und Patrick H. Hutton, S. Fischer Verlag, Frankfurt am Main 1993, 24-62

FUCHS, Werner (1970/71), Empirische Sozialforschung als politische Aktion, in: Soziale Welt, 21/22 Jg. (1), 1-17

GÄRDITZ, Klaus Ferdinand (2009), Hochschulorganisation und verwaltungsrechtliche Systembildung, Tübingen: Mohr Siebeck

GESELLSCHAFT FÜR HOCHSCHULFORSCHUNG, https://www.gfhf.net/ (abgerufen am 26.11.2021)

GRIEM, Julika (2015), Lichtgestalt im Modernisierungsdunkel. William Stoner als Projektionsfläche für nostalgische Bildungskritik, in: WestEnd - Neue Zeitung für Sozialforschung (2), 111-122

GRIEM, Julika (2016), Von der Sehnsucht nach dem Freigehege, in: forschung. Das Magazin der Deutschen Forschungsgemeinschaft (3), 2-4

GROSSMANN, Ralph (2001), Führung ist eine spezielle (Dienst)leistung im Interesse der Funktionsfähigkeit der Organisation. Vortrag an der Karl-Franzens-Universität Graz, unveröffentlichtes Manuskript

GROSSMANN, Ralph, A. PELLERT, V. GOTWALD (1997), Krankenhaus, Schule, Universität: Charakteristika und Optimierungspotentiale, in: R. GROSSMANN (Hg.), Besser Billiger Mehr. Zur Reform der Expertenorganisationen Krankenhaus, Schule, Universität. Wien: Springer, 1997, 24-5

GUKENBIEHL, Herrmann L. (2016): Institution und Organisation. In: H. KORTE, B. SCHÄFERS (Hg.), Einführung in die Hauptbegriffe der Soziologie. 9. Aufl., Wiesbaden: Springer VS, 173-193

HABERMAS, Jürgen (1968), Verwissenschaftlichte Politik und öffentliche Meinung, in: J. HABERMAS, Technik und Wissenschaft als „Ideologie“, Frankfurt am Main: Suhrkamp, 120-145

HALLER, Reinhold (2021), Führung in Wissenschaft und Forschung. Grundlagen, Instrumente, Fallbeispiele,

3. aktualisierte und erweiterte Auflage, Berlin: Berliner Wissenschafts-Verlag

HANDELSBLATT (2005), Der Fürst. Niccolò Machiavelli. In: HANDELSBLATT, Die besten Managementbücher, Bd. 1, Frankfurt/Main: Campus, 178–180

HANFT, Anke (2008), Bildungs- und Wissenschaftsmanagement, 2. Aufl., München: Franz Vahlen

HANFT, Anke (2003) Plädoyer für ein institutionengemäßes Managementsystem, in: Jürgen LÜTHJE/Sigrun NICKEL (Hg.), Universitätsentwicklung. Strategien, Erfahrungen, Reflexionen, Frankfurt am Main, 151–161

HAURIOU, Maurice (1965/1925), Die Theorie der Institution und andere Aufsätze. Herausgegeben von Roman Schnur, Berlin: Duncker & Humblot

HERMANS, Willem Frederik (2016), Unter Professoren, Berlin: Aufbau Verlag

HOCHSCHULE OSNABRÜCK (2017), Osnabrücker Kolloquium zum Hochschul- und Wissenschaftsmanagement an der Hochschule Osnabrück https://www.hs-osnabrueck.de/fileadmin/News/Nachrichten/WiSo/2017/Leitlinien_fuer_eine_ertragreiche_Kooperation_zwischen_Hochschulforschung_und_Hochschulmanagement.pdf (abgerufen am 22.09.2021)

HÖCKER, Marc, J. RICKEN, B. ROTERS, A. SCHOLKMANN (2008), Kommunikationsräume schaffen - Universität gestalten, in: A. SCHOLKMANN et al. (Hg.), Hochschulforschung und Hochschulmanagement im Dialog, 9-21

HÖLSCHER, Michael (2017), Ziemlich beste Feinde? Zur notwendigen Kooperation von Hochschulmanagement und Hochschulforschung, in: Wissenschaftsmanagement (3), 22-23

HUBER, Michael (2012), Die Organisation Universität, in: M. APELT, V. TACKE (Hg.), Handbuch Organisationstypen, 239-252

HÜTHER, Otto (2010), Von der Kollegialität zur Hierarchie? Eine Analyse des New Managerialism in den Landeshochschulgesetzen, Wiesbaden: Springer VS

HÜTHER, Otto, Georg KRÜCKEN (2012), Hierarchie ohne Macht? Karriere- und Beschäftigungsbedingungen als vergessene ‚Grenzen' der organisatorischen Umgestaltung der deutschen Universitäten, in: U. WILKESMANN, Ch. J. SCHMID (Hg.), 27-39

HÜTHER, Otto, Georg KRÜCKEN (2016), Hochschulen. Fragestellungen, Ergebnisse und Perspektiven der sozialwissenschaftlichen Hochschulforschung, Wiesbaden: Springer VS

KANT, Immanuel (1999/1784), Beantwortung der Frage: Was ist Aufklärung, Hamburg: Meiner

KAPPLER, Ekkehard (2000), Die Universität kann Autonomie lernen, in: St. TITSCHER, G. WINCKLER (Hg.), Universitäten im Wettbewerb, 297-330

KARLE, Isolde (2010), Kirche im Reformstress, Gütersloh: Gütersloher Verlagshaus

KEHM, Barbara (2001), Universitätskrisen im Spiegel von Hochschulromanen, in: E. STÖLTING, U. SCHIMANK (Hg.), Die Krise der Universitäten. Leviathan Sonderheft 20, 44-63

KEHM, Barbara (2012), Hochschulen als besondere und unvollständige Organisationen? Neue Theorien zur Organisation Hochschule, in: U. WILKESMANN, Ch. J. SCHMID (Hg.), 17-25

KERR, Clark (2001), The uses of the University, Cambridge, Massachusetts: Harvard University Press

KIESER, Alfred, G. REBER, R. WUNDERER (1995), Handwörterbuch der Führung, 2. Aufl., Stuttgart: Schäffer-Pöschel

KLEIMANN, Bernd (2015), Tabus in der Governance von Universitäten, in: die hochschule, 2/2015, 33-42

KLEIMANN, Bernd (2016), Universitätsorganisation und präsidiale Leitung. Führungspraktiken in einer multiplen Hybridorganisation, Wiesbaden: Springer VS (Habilitationsschrift Universität Kassel 2015)

KLOKE, Katharina, Georg KRÜCKEN (2012), Sind Universitäten noch lose gekoppelte Organisationen? Wahrnehmung und Umgang mit Zielkonflikten an deutschen Hochschulen aus der Organisationsperspektive unter besonderer Berücksichtigung der akademischen Lehre, in: Fred G. BECKER, G. KRÜCKEN, E. WILD (Hg.),

Gute Lehre in der Hochschule. Wirkungen von Anreizen, Kontextbedingungen und Reformen, Bielefeld: W. Bertelsmann, 13-29

KOSMÜTZKY, Anna (2010), Von der organisierten Institution zur institutionalisierten Organisation? Eine Untersuchung der (Hochschul-)Leitbilder von Universitäten, Diss. phil. Bielefeld

KOSMÜTZKY, Anna, Michael BORGGRÄFE (2012), Zeitgenössische Hochschulreform und unternehmerischer Aktivitätsmodus, in: WILKESMANN, Schmid (Hg.), 69-85

KRÜCKEN, Georg, A. BLÜMEL, K. KLOKE (2010), Hochschulmanagement - Auf dem Wege zu einer neuen Profession? in: WSI-Mitteilungen (5), 234-241

KRULL, Wilhelm (2017), Die Vermessene Universität. Ziel, Wunsch und Wirklichkeit, Wien: Passagen

KÜHL, Stefan (2011), Organisationen. Eine sehr kurze Einführung, Wiesbaden: Springer VS

KÜHL, Stefan, M. MOLDASCHL (2010), Organisation, Intervention, Reflexivität. In: S. KÜHL, M. MOLDASCHL (Hg.), Organisation und Intervention. Ansätze für eine sozialwissenschaftliche Fundierung von Organisationsberatung, München und Mering: Rainer Hampp, 7-28

LENZEN, Dieter (2019), Differenzieren! In: Tagesspiegel v. 29.10.2019

LEWIN, Kurt (1947), Frontiers in Group Dynamics, in: Human Relations, 1 Jg. (1), 5-41

LEWIN, Kurt (1952), Field theory in social science. Selected theoretical papers, London: Tavistock

LEWIN, Kurt (1953), Tat-Forschung und Minderheiten-Probleme, in: LEWIN, K. (Hg.), Die Lösung sozialer Konflikte, Bad Nauheim: Christian, 278-298

LÖWER, Wolfgang (2003), „Starke Männer“ oder „starke Frauen“ an die Spitze der Universität? Zur Verfassungsmäßigkeit der „neuen Leitungsstrukturen“, in: Recht und Organisation. Staatsrecht - Verwaltungsrecht - Europarecht - Völkerrecht. Vorträge und Diskussionen zum Symposium anlässlich des 60. Geburtstages von Meinhard Schröder (Schriften zum Öffentlichen Recht 913). Berlin: Duncker & Humblot, 25-43

LÖSCHPER, Gabriele (1999), Bausteine für eine psychologische Theorie richterlichen Urteilens, Baden-Baden: Nomos

LOPRIENO, Antonio (2016), Die entzauberte Universität. Europäischer Hochschulraum zwischen lokaler Trägerschaft und globaler Wissenschaft, Wien: Passagen

LUHMANN, Niklas (1964/1999), Funktionen und Folgen formaler Organisation, 5. Aufl., Berlin: Duncker & Humblot

LUHMANN, Niklas (1974), Einführende Bemerkungen zu einer Theorie symbolisch generalisierter Kommunikationsmedien, in: Zeitschrift für Soziologie, 3 Jg. (3), 236-255

LUHMANN, Niklas (1975/1992): Wabuwabu in der Universität, in: A. KIESERLING (Hg.), Universität als Milieu. Bielefeld: Haux, 30-48

LUHMANN, Niklas (1988), Organisation, in: W. KÜPPER, G. ORTMANN (Hg.), Mikropolitik - Rationalität, Macht und Spiele in Organisationen, Opladen: Westdeutscher Verlag, 165-185

LUHMANN, Niklas (1989), Politische Steuerung: Ein Diskussionsbeitrag, in: Politische Vierteljahresschrift, 30. Jg. (1), 4-9

LUHMANN, Niklas (1990), Was tut ein Manager in einem sich selbst organisierenden System?, in: GDI-Impuls, 8. Jg. (1), 11-16

LUHMANN, Niklas (1992): Die Universität als organisierte Institution, in: A. KIESERLING (Hg.), Universität als Milieu. Bielefeld: Haux, 90-99

LUHMANN, Niklas (2006), Organisation und Entscheidung, 2. Aufl., Wiesbaden: Springer VS

LUHMANN, Niklas, K. E. SCHORR (1982), Das Technologiedefizit der Erziehung und die Pädagogik, in: LUHMANN, Niklas, K. E. SCHORR, Zwischen Technologie und Selbstreferenz, Frankfurt am Main: Suhrkamp, 11-40

LUNDGREN, Peter (1992), Universität und Hochschule. Ein geschichtlicher Überblick. in: Deutschland. Porträt einer Nation, Band 5, Bildung, Wissenschaft, Technik, Gütersloh: Bertelsmann, 54-68

MAASEN, Sabine (2017), Zum Geleit, in: Luzia TRUNIGER (Hg.), V–VII

MARTENS, Will, Günther ORTMANN (2019), Organisationen in Luhmanns Systemtheorie, in: A. KIESER, M. EBERS (Hg.), Organisationstheorien, 8. Aufl., Stuttgart: Kohlhammer, 413–448

MAYNTZ, Renate (1963), Soziologie der Organisation, Reinbek bei Hamburg: Rowohlt

MEIER, Frank (2009), Die Universität als Akteur. Zum institutionellen Wandel der Hochschulorganisation, Wiesbaden: Springer VS

MERCHEL, Joachim (2017), Worum geht es eigentlich beim Qualitätsmanagement? Zur Kritik an Sinndefiziten in der Praxis des Qualitätsmanagements, in: Heiko ROEHL, H. ASSELMEYER (Hg.), Organisationen klug gestalten. Ein Handbuch für Organisationsentwicklung und Change Management, Stuttgart: Schäffer-Poeschel, 362–370

MINTZBERG, Henry, B. AHLSTRAND, J. LAMPEL (2002), Strategie Safari. Eine Reise durch die Wildnis des strategischen Managements, 3. Aufl., Wien, Frankfurt: Ueberreuter

MÜLLER-BÖLING, Detlef (2000), Die entfesselte Hochschule, Gütersloh: Bertelsmann Stiftung

MÜNKLER, Herfried (2021), Gedenkorte der Demokratie – Denkorte der Demokraten, in: Merkur, 75. Jg. (867), 77–84

MUSSELIN, Christine (2007), Are Universities Specific Organisations? In: Georg KRÜCKEN, A. KOSMÜTZKY, M. TORKA (Hg.), Towards a Multiversity? Bielefeld: transkript, 63–84

NETTELBECK, Joachim (2021), Serendipity und Planen. Zum reflexiven Verwalten von Wissenschaft und Gestalten ihrer Institutionen, Bielefeld: UVW

NEUBERGER, Oswald (2002), Führen und führen lassen, 6., völlig neu bearb. und erw. Auflage, Stuttgart: Lucius und Lucius

NEUWEG, Georg Hans (2017), Herrlich unreflektiert. Warum Könner weniger denken, als man denkt, in: BERNDT et al., S. 89–101

NETZWERK HOCHSCHULFORSCHUNG ÖSTERREICH https://www.hofo.at/ (abgerufen am 26.11.2021)

NICKEL, Sigrun (2007), Partizipatives Management von Universitäten. Zielvereinbarungen - Leitungsstrukture - Staatliche Steuerung. München und Mering: Raine Hampp

NICKEL, Sigrun (2012), Enge Koppelung von Wissenschaft und Verwaltung und ihre Folgen für die Ausübung professioneller Rollen in Hochschulen, in: WILKESMANN, Schmid (Hg.), Hochschule als Organisation, 279-291

OEVERMANN, Ulrich (2005), Wissenschaft als Beruf. Die Professionalisierung wissenschaftlichen Handelns und die gegenwärtige Universitätsentwicklung, in: Die Hochschule, 14. Jg. (1), 15-51

PACHNER, Anita (2013), Selbstreflexionskompetenz. Voraussetzung für Lernen und Veränderung in der Erwachsenenbildung? in: Magazin erwachsenenbildung.at (20), 1-9, Wien

PARKER, Martin (2004), Becoming Manager: Or, the Werewolf Looks Anxiously in the Mirror, Checking for Unusual Facial Hair, in: Management Learning, 35 Jg. (1), 45-59

PARSONS, Talcott (1964), Die jüngsten Entwicklungen in der strukturell-funktionalen Theorie, in: Kölner Zeitschrift für Soziologie und Sozialpsychologie, 16 Jg. (1), 30-49

PARSONS, Talcott (1976), Der Begriff „Sozialsystem" als theoretisches Instrument, in: PARSONS. Zur Theorie sozialer Systeme (Hg. von Stefan JENSEN), Opladen: Westdeutscher Verlag, 69-84 (Erstveröffentlichung 1966)

PELLERT, Ada (1999), Die Universität als Organisation. Die Kunst, Experten zu managen, Wien: böhlau

PFEFFER, Jeffrey, SALANCIK, Gerald R. (1978), The external control of organizations. A Resource Dependence Perspective, New York: Harper & Row

PROBST, Gilbert J. B., Bettina S. T. BÜCHEL (1998), Organisationales Lernen. Wettbewerbsvorteil der Zukunft, 2., aktualisierte Auflage, Wiesbaden: Gabler

PROBST, Gilbert J. B., P. GOMEZ (1993), Die Methodik des vernetzten Denkens zur Lösung komplexer Probleme, in: PROBST, Gomez (Hg.), Vernetztes Denken. Ganzheitliches Führen in der Praxis, 2., erweiterte Auflage, Wiesbaden: Gabler, 5-20

PÜTTMANN, Vitus (2013), Führung in Hochschulen aus der Perspektive von Hochschulleitungen. Eine explorative Untersuchung von Befragungen von Päsident(inn)en und Rektor(inn)en deutscher Hochschulen, CHE Arbeitspapier Nr. 173, Gütersloh: Centrum für Hochschulentwicklung

RAMIREZ, Rocio, A. BEER, P. PASTERNACK (2021), WiHo Top - Elemente einer Topografie der deutschen Wissenschafts- und Hochschulforschung, in: die hochschule. Journal für wissenschaft und bildung (2), 5-80

REUTER, Astrid (2014), Religion in der verrechtlichten Gesellschaft, Göttingen: Vandenhoeck & Ruprecht

ROSENSTIEL, Lutz von (2014), Grundlagen der Führung, in: L. v. ROSENSTIEL, E. REGENT, M. E. DOMSCH, Führung von Mitarbeitern. Handbuch für erfolgreiches Personalmanagement, 7. Aufl., Stuttgart: Schäffer-Poeschel, 3-28

SANDBERGER; Georg (2022), Hochschulrechtsreform in Permanenz. Zur Entwicklung des Hochschulorganisationsrechts seit der Jahrtausendwende, in: Ordnung der Wissenschaft (1), 1-22

SCHARPF, Fritz W. (1989), Politische Steuerung und Politische Institutionen, in: Politische Vierteljahresschrift, 30 Jg. (1), 10-21

SCHARPF, Fritz W. (2000), Interaktionsformen. Akteurzentrierter Institutionalismus in der Politikforschung, Wiesbaden: Springer VS

SCHEDLER, Kuno, RÜEGG-STÜRM, Johannes (2013), Multirationalität und pluralistische Organisation, in: SCHEDLER, RÜEGG-STÜRM (Hg.), Multirationales Management. Der erfolgreiche Umgang mit widersprüchlichen Anforderungen an die Organisation, Bern: Haupt, 61-87

SCHERM, Ewald (2021), Führt Autonomie zu agilen Hochschulen? in: Hochschulmanagement (3), 90 ff.
SCHERM, Ewald, B. JACKENKROLL (2017), Führung in deutschen Universitäten. Eine Überprüfung des „Full Range of Leadership"-Konzepts, in: Beiträge zur Hochschulforschung, 39 Jg. (2), 56-75
SCHIMANK, Uwe (2001), Festgefahrene Gemischtwarenläden - Die deutschen Hochschulen als erfolgreich scheiternde Organisationen, in: Erhard STÖLTING, U. SCHIMANK (Hg.), Die Krise der Universitäten, Leviathan Sonderheft 20, 223-242
SCHIMANK, Uwe (2005), Die akademische Profession und die Universitäten, in: Thomas KLATETZKI, V. TACKE (Hg.), Organisation und Profession, Wiesbaden: Springer VS, 143-164
SCHIMANK, Uwe (2007 a), Theorien gesellschaftlicher Differenzierung, 3. Aufl., Wiesbaden: Springer VS
SCHIMANK, Uwe (2007 b), Elementare Mechanismen, in: Arthur BENZ. S. LÜTZ, U. SCHIMANK, G. SIMONIS (Hg.), Handbuch Governance, Wiesbaden: Springer VS, 29-45
SCHIMANK, Uwe (2017), Universitätsreformen als Balanceakt: Warum und wie die Universitätsleitungen Double Talk praktizieren müssen. In: Beiträge zur Hochschulforschung, 39 Jg. (1), 50-60
SCHMIDT, Hartwig (2006), Michel Foucault et al.: Technologien des Selbst, hg. v. Luther H. Martin, Huck Gutman und Patrick H. Hutton, S. Fischer Verlag, Frankfurt am Main 1993, in: Deutsche Zeitschrift für Philosophie (42), 175-179
SCHMIDT, Volker H., (2005), Die Systeme der Systemtheorie. Stärken, Schwächen und ein Lösungsvorschlag, in: Zeitschrift für Soziologie, 34 Jg. (6), 406-424
SCHÖN, Donald A. (1983), The Reflective Practitioner. How Professionals Think in Action, New York: Basic Books
SCHÖN, Donald A. (1987), Educating the Reflective Practitioner, San Francisco: Jossey-Bass
SCHÖNHERR, Harff-Peter (2022), Freiheit auch, wo's weh tut. In: taz. die tageszeitung nord vom 07.02.2022, 27

SCHOLKMANN, Antonia (2010), Zwischen Handlungszwang und Kollegialität. Universitätsdekane als Manager und Repräsentanten ihrer Fakultät, Münster: LIT

SCHOLKMANN, Antonia, B. ROTERS, J. RICKEN, M. HÖCKER (Hg.) (2008), Hochschulforschung und Hochschulmanagement im Dialog. Zur Praxisrelevanz empirischer Forschung über die Hochschule, Münster: Waxmann

SCHWAABE, Christian (2007), Niccolò Machiavelli und die Trennung von Politik und Moral, in: Ders., Politische Theorie 1. Von Platon bis Locke, Paderborn: Wilhelm Fink, 103–128

SCHWANITZ, Dietrich (1995), Der Campus. Roman, Frankfurt am Main: Eichborn

SELIGER, Ruth (2020), Das Dschungelbuch der Führung. Ein Navigationssystem für Führungskräfte, 8. Aufl., Heidelberg: Carl-Auer

SIEWEKE, Simon (2011), Die Hochschule als Gefahr für die Wissenschaftsfreiheit, Die Öffentliche Verwaltung 2011, 472–480

SPORN, Barbara (1999), Adaptive University Structures: An Analysis of Adaptation to socioeconomic Environments of US and European Universities, London: Jessica Kingsley

STICHWEH, Rudolf (2005), Neue Steuerungsformen der Universität und die akademische Selbstverwaltung, in: Ulrich SIEG, D. KORSCH (Hg.), Die Idee der Universität heute, München: K. G. Saur, 12–134

STRATMANN, Friedrich (2014), Es waren zwei Königskinder ... der Graben war viel zu tief? Hochschulberatung und Hochschulforschung, in: die hochschule. Journal für wissenschaft und bildung (1), 133–147

SYMANSKI, Ute (2013), Uni, wie tickst du? Eine exemplarische Erhebung von organisationskulturellen Merkmalen an Universitäten im Zeitalter der Hochschulreform, München und Mering: Rainer Hampp

TEICHLER, Ulrich (2008), Hochschulforschung international, in: Karin ZIMMERMANN, M. KAMPHANS, S. METZ-GÖCKEL (Hg.), Perspektiven der Hochschulforschung, Wiesbaden: Springer VS, 65–85

TEICHLER, Ulrich, W. WEBLER (2020), HSW-Gespräch, in: Das Hochschulwesen, 68 Jg. (6), 176-189

THIEME, Werner (1986), Deutsches Hochschulrecht. 2. vollständig überarbeitete und erheblich erweiterte Auflage, Köln: Carl Heymanns

TITSCHER, Stefan, G. WINCKLER et al. (Hg.) (2000), Universitäten im Wettbewerb - Zur Neustrukturierung österreichischer Universitäten, München und Mering: Rainer Hampp

TORKA, Marc (2015), Responsivität als Analysekonzept, in: Hildegard MATTHIES, D. SIMON, M. TORKA, Responsivität der Wissenschaft, Bielefeld: transcript, 17-49

TRUNIGER, Luzia (2017), Führen in Hochschulen. Anregungen und Reflexionen aus Wissenschaft und Praxis, Wiesbaden: Springer Gabler

TRUTE, Hans-Heinrich (2022), Wissenschaftsfreiheit: „Die Wissenschaft muss horizontal verteidigt werden", Interview, ZEIT Online 12. März

UNIVERSITÄT BREMEN (2021), Leitbild Reflective Practitioner, https://www.uni-bremen.de/zflb/projekte-forschung/schnittstellen-gestalten-qualitaetsoffensive-lehrerbildung/leitbild-reflective-practitioner (abgerufen am 28.09.2021)

UNIVERSITÄT GIESSEN (2021), Hochschuldidaktisches Seminar: Das Leitbild des „reflective practitioners", https://www.uni-giessen.de/ueber-uns/veranstaltungen/seminar/dasleitbilddesreflectivepractitioners (abgerufen am 11.10.2021)

UNIVERSITÄT GRAZ (2002), Kursbuch. Strategische Entwicklung der Universität Graz. Band 1: Ziel und Prozesse, Graz: Eigenverlag der Universität Graz, https://static.uni-graz.at/fileadmin/Lqm/Dokumente/kursbuch2002Band1.pdf (abgerufen am 09.02.2022)

WEBER, Max (1972/1922), Wirtschaft und Gesellschaft. Grundriss der verstehenden Soziologie, 5. Aufl., Tübingen: J. C. B. Mohr (Paul Siebeck)

WEICK, Karl E. (1976), Educational Organizations as Loosely Coupled Systems, in: Administrative Science Quarterly, 21 Jg. (1), 1-19

WEICK, Karl E. (1995 a), Der Prozess des Organisierens, Frankfurt am Main: Suhrkamp

WEICK, Karl E. (1995 b), Sensemaking in Organizations, Thousand Oaks: Sage

WEISKOPF, Richard (2005), Unter der Hand. Aspekte der Gouvernementalisierung der Universität im Zuge der Hochschulreform, in: Heike WELTE, M. AUER, C. MEISTER-SCHEYTT (Hg.), Management von Universitäten. Zwischen Tradition und Postmoderne, München und Mering: Rainer Hampp, 171-186

WERTH, Lioba, STEIDLE, Anna (2021), Personal in Hochschule und Wissenschaft professionell führen. Bonn: Deutscher Hochschulverband (DHV)

WILKESMANN, Uwe (1999), Von der lernenden Organisation zum Wissensmanagement, in: Industrielle Beziehungen, 6 Jg. (4), 485-496

WILKESMANN, Uwe, Ch. J. SCHMID (Hg.) (2012 a), Vorwort, in: WILKESMANN, Uwe, Ch. J. SCHMID (Hg.) (2012 b) Hochschule als Organisation, Wiesbaden: Springer VS, 7-13

WILKESMANN, Uwe, Ch. J. SCHMID (Hg.) (2012 b), Hochschule als Organisation, Wiesbaden: Springer VS

WILLKE, Helmut (1998), Systemtheorie III: Steuerungstheorie, 2. Aufl., Stuttgart: Lucius & Lucius

WILLIAMS, John (2013), Stoner. Roman, München: dtv (Englische Erstauflage 1965)

WIMMER, Rudolf (2012 a), Organisationstheorie, Management und Beratung, in: Oliver JAHRAUS, A. NASSEHI et al. (Hg.), Luhmann-Handbuch, Leben - Werk - Wirkung, Stuttgart: Metzler, 373-378

WIMMER, Rudolf (2012 b), Die neuere Systemtheorie und ihre Implikationen für das Verständnis von Organisation, Führung und Management, in: Johannes RÜEGG-STÜRM, T. BIEGER, Unternehmerisches Management, Bern: Haupt, 7-65

WIMMER, Rudolf (2017), Warum es Führung in Veränderung braucht, in: Heiko ROEHL, H. ASSELMEYER (Hg.), Organisationen klug gestalten. Ein Handbuch für Organisationsentwicklung und Change Management, Stuttgart: Schäffer-Poeschel, 189-209

WHITTINGTON, Richard (2001), What is Strategy - and does it matter? 2. Aufl., London: Thompson Learning

WUNDERER, Rolf (2011), Führung und Zusammenarbeit. Eine unternehmerische Führungslehre, 9. neubearbeitete Auflage, Köln: Luchterhand

ZECHLIN, Lothar (2007), Felder strategischer Hochschulentwicklung, in: Michael JAEGER, Michael LESZCZENSKY (Hg.), Hochschulinterne Steuerung durch Finanzierungsformeln und Zielvereinbarungen, HIS: Forum Hochschule (4), 99-103

ZECHLIN, Lothar (2017 a), Governance als Führungshandeln, in: Luzia TRUNIGER (2017), 33-49

ZECHLIN, Lothar (2017 b), „Er ist als Wissenschaftler eine Niete und hat sich deshalb der Universitätspolitik verschrieben". Der Campus. In: Heidi MÖLLER, Thomas GIERNALCZYK (Hg.), Organisationskulturen im Spielfilm. Von Banken, Klöstern & der Mafia: 29 Film- & Firmenanalysen, Berlin, Heidelberg: Springer, 205-218

ZECHLIN, Lothar (2021), Wem gehört die Universität? Die Trägerschaft der Wissenschaftsfreiheit zwischen Person und Organisation. In: U. SCHIMANK (Hg.), Wissenschaftsfreiheit in Deutschland. Drei rechtswissenschaftliche Perspektiven, Wissenschaftspolitik im Dialog (Schriftenreihe der Berlin-Brandenburgischen Akademie der Wissenschaften) 14, 24-34

ZECHLIN, Lothar (2023), Die gesellschaftliche Rolle des Managements in der Hochschule als hybrider Organisation. In: Hochschulmanagement 18 Jg. (2/3).

ZIMMERMANN, Karin (2008), Spielräume für eine reflexive Hochschulforschung, in: Karin ZIMMERMANN, M. KAMPHANS, S. METZ-GÖCKEL (Hg.), Perspektiven der Hochschulforschung, Wiesbaden: Springer VS, 115-132

Zur Reihe Wissenschaft – Transformation – Politik

Das Verhältnis der Wissenschaft zur Politik war nie einfach. Dass wir uns seit einiger Zeit in einer Hochphase der Auseinandersetzung darüber befinden, was Universität leisten kann und soll und unter welchen Bedingungen, kann als unbestritten angesehen werden. Gewiss steht in ähnlicher Weise außer Frage, dass Universität und Wissenschaft regelrecht zu Experimentierfeldern verschiedenster, nicht selten widersprüchlicher Steuerungsbegehren und Anreizsetzungen geworden sind. Die Wissenschafts- und Hochschulforschung hat dies in vielen Studien theoretisch und empirisch untersucht. Hinzu kommt eine Reihe kritischer, oftmals larmoyanter Kommentare, in denen vornehmlich von persönlichen Erfahrungen und Enttäuschungen aus der Praxis des Transformationsgeschehens berichtet wird. Braucht es trotzdem eine weitere, eigene Buchreihe, die sich mit den Folgen und Zielen dieser Umbauten von Wissenschaft und Hochschule befasst? Wir meinen ja.

Erstens ganz einfach deshalb, weil es gar nicht genügend Nachdenken über die Gegenwart und die Zukunft von Universität und Wissenschaft geben kann. Wenn der epistemischen Besonderheit und gesellschaftlichen Sonderstellung beider zunehmend gesellschaftlich und politisch misstraut wird, dann hat dies nicht nur für Wissenschaft und Hochschule Konsequenzen. Es bringt auch Einbußen hinsichtlich des gesellschaftlichen und politischen Ertrags von Wissenschaft und Universitätsbildung. Die Auseinandersetzung über „*post-truth*" verdeutlicht dramatisch, welche Einbußen die Folge sein können.

Zweitens, wenn es zur Eigenart der Wissensgesellschaft gehört, Wissenschaft und Universität in gesellschaftliche Basiseinrichtungen zu transformieren, dann erweitert sich der übliche Kreis von Akteur/innen und Institutionen, die sich an den wissenschaftlichen und wissenschaftspolitischen Reflexionen und Debatten beteiligen. Dafür braucht es neue Formate und Foren der Reflexion über die Zukunft von Wissenschaft und Universität.

Drittens wird gegenwärtig die Wissenschafts- und Hochschulforschung zwar langsam, aber immerhin doch weiter ausgebaut. Zumindest kann man darauf vertrauen, dass ein Konsens darüber besteht, dass dies zu geschehen hat. Bislang spiegelt sich jedoch die gesellschaftliche, politische und ökonomische Bedeutung von Universität und Wissenschaft in einer Wissensgesellschaft nicht in entsprechenden Forschungseinrichtungen wider.

Viertens gibt es bisher keinen eigenen Ort für Reflexionen von Personen, die gleichermaßen als Fürsprecher/innen für Wissenschaft und Universität auftreten und über wissenschaftspolitische

Gestaltungsmacht verfügen, die folglich Praxis und Theorie in ihrer Person vereinigen.

Die Autoren/innen dieser Buchreihe zeichnen sich entsprechend durch drei Eigenschaften aus:

Nachdenklichkeit: Sie stehen vielen gegenwärtigen Ausrichtungen der Wissenschafts- und Hochschulsysteme kritisch gegenüber und entwickeln eigene Vorstellungen darüber, wie Universität und Wissenschaft zu erneuern sind. Dabei haben sie die unterschiedlichen Perspektiven von Wissenschaft, Politik und Verwaltung im Blick.

Grenzgängerschaft: Sie haben langjährige Erfahrung darin, Brücken zwischen diesen drei Perspektiven zu bauen, weil sie in Institutionen tätig waren und sind, die die unterschiedlichen Sichtweisen und Zielvorstellungen zusammenbringen müssen.

Behutsamkeit: Sie fühlen sich einer differenzierten Betrachtung verpflichtet und lehnen Vereinfachungen und Vereinheitlichungen ab, wie sie beispielsweise in einer indikatorengestützten Gesamtsteuerung angelegt sind. Stattdessen engagieren sie sich für eine Wissenschaftspolitik, die behutsam mit den jeweiligen Voraussetzungen und Zielen der unterschiedlichen wissenschaftlichen Einrichtungen umgeht.

Die Herausgeber/innen

Passagen
Wissenschaft - Transformation - Politik

Günther R. Burkert
Die vernetzte Universität
Von der Kritik der Ökonomisierung zur Neuausrichtung auf die Gesellschaft

Antonio Loprieno
Die entzauberte Universität
Europäische Hochschulen zwischen lokaler Trägerschaft und globaler Wissenschaft

Wilhelm Krull
Die vermessene Universität
Ziel, Wunsch und Wirklichkeit

Sabine Hark, Johanna Hofbauer
Die ungleiche Universität
Diversität, Exzellenz und Anti-Diskriminierung

Eva Barlösius
Die sozialisierte Universität
Ein programmatischer Essay
(in Vorbereitung)